Susanne Lang

Ziemlich feste Freunde

Warum der Freundeskreis heute die bessere Familie ist

blanvalet

MIX
Papier aus verantwortungsvollen Quellen
FSC® C014496
www.fsc.org

Verlagsgruppe Random House FSC® N001967
Das für dieses Buch verwendete FSC®-zertifizierte Papier
Munken Premium Cream liefert Arctic Paper Munkedals AB, Schweden.

Alle wörtlichen Zitate aus Filmen und Videos
sind Transkriptionen der Autorin.
Bei Originaltexten handelt es sich um Übersetzungen der Autorin.

1. Auflage

Satz: Uhl + Massopust, Aalen
Druck und Bindung: GGP Media GmbH, Pößneck
Printed in Germany
ISBN 978-3-7645-0503-5

www.blanvalet-verlag.de

Inhalt

Intro: Meine Freunde

In einem Linienbus, frühmorgens. Die Scheiben sind beschlagen, ein Kind wischt mit einem Zeigefinger Sichtlöcher hinein. Die Fahrgäste stehen Schulter an Schulter gedrängt, in den Kurven schwanken sie leicht jeweils entgegen der Fahrtrichtung. Genervte Stille. Plötzlich ein Mikrorauschen.

BUSFAHRER: »Achtung, uffjepasst, eene Fahrgastinformation: An 'ne Verspätung dieser Linie müssen Se sich jewöhnen, wollte ick nur mitteilen, jibt 'ne riesen Baustelle an der Endhaltestelle in Marzahn, Gleisarbeiten, da jeht nüscht mehr.«

Die Fahrgäste blicken sich ratlos an.

EIN MANN: »Was heißt ›gewöhnen‹? Diese Linie ist doch immer zu spät.«

Kollektives Kopfschütteln. Wieder Mikrorauschen.

BUSFAHRER: »Aber jetzt begründet.«

Ich ließ vor Schreck die Halteschlaufe neben meinem Kopf los und blickte in belustigte Gesichter. Die meisten Fahrgäste kannte ich vom Sehen. Jeden Morgen um die gleiche Uhrzeit versucht unsere kleine Gruppe, den letzten Bus vor der Taktumstellung auf 20 Minuten zu erwischen. Jeden zweiten Morgen hat es die eine oder der andere nicht geschafft. An diesem Morgen blickte ich in auffällig viele fremde Gesichter. Wir lachten trotzdem alle gemeinsam los, als wären wir eingeschworene Bekannte. »Tja, tut mir wirklich leid«, murmelte ich leise vor mich hin, »der Punkt geht an Berlin!«

Im Büro angekommen, malte ich sofort mit Edding einen dicken schwarzen Punkt auf die wichtigste Liste meines gegenwärtigen Lebens. Sie beinhaltet zwei Spalten. Über der linken steht »Berlin«. Über der rechten »Hamburg«. Darunter notiere ich jeweils Punkte in unterschiedlichem Durchmesser, die für ein Leben in der jeweiligen Stadt sprächen.

Bisher haben sich sowohl harte Fakten als auch weiche Faktoren angesammelt. Zum Beispiel:

- mein Arbeitsplatz
- die Höhe der Kitagebühren und die Anzahl der vorhandenen Kitaplätze
- die Höhe der Mietkosten und vorhandener Wohnraum
- »Bier in der U-Bahn trinken dürfen« versus »Kein Bier in Bus und Bahnen erlaubt«
- Angebot und Öffnungszeiten der Kioske
- Dialekt
- Anzahl der täglichen Demonstrationen
- Carsharingkonzepte
- Fußballvereine
- Kinos

Mit meiner Busfahrt an jenem Morgen war ein Punkt in der linken Spalte hinzugekommen. Ich malte ihn extra dick. Um nicht zu sagen fett. »Ich kann mir ein Leben ohne Busfahrer wie diesen nicht mehr vorstellen!«, notierte ich daneben und lächelte triumphierend. Jetzt stand es sieben zu drei für Berlin!

Die Liste führte ich zu dem Zeitpunkt bereits seit einem halben Jahr. Sie sollte mir bei einer lebenswichtigen Entscheidung helfen: Ziehe ich mit meiner Familie nach Hamburg, oder bleiben wir in Berlin? Mein Mann hatte eine neue Stelle angenommen, seither arbeitet er unter der Woche in Hamburg und wird bis heute oft gefragt, wann denn die Familie nachkäme. Objektiv betrachtet, spräche auch einiges für einen Umzug: ein guter Job, der die Familie absichert; ein Mann, den man liebt und den man nicht pendeln lässt. Subjektiv betrachtet, kann ich nur so viel verraten: Es sah nicht gut aus für Hamburg. Zu keinem Zeitpunkt.

Der Grund stand ganz oben auf meiner Liste. Nur ein Wort unter Berlin: FREUNDE. Ich hatte noch nicht mal meine Festanstellung bei einer Zeitung an den Anfang gesetzt, wie man es vielleicht in unseren prekären Zeiten erwarten könnte. Sondern dick und fett DIE – meine, seine, unsere – FREUNDE. Ich wollte sie nicht zurücklassen, oder sollte ich besser sagen: verlassen?

Anfangs traute ich mich selten, sie als Grund für den nicht gewollten Umzug offen zu nennen. Immer, wenn besorgte Mitmenschen fragten, wie das Leben im Pendelbetrieb denn auszuhalten sei und wann wir umzögen, druckste ich herum. »Geht so, es ist ja nicht für immer.« Die ehrliche Antwort war mir schlicht peinlich. Oder hätte ich sagen sollen: »Wir werden nie umziehen, denn ich will meine Freunde behalten und habe keine Lust, mir neue zu suchen, falls ich überhaupt neue finden würde?« Ist diese Haltung nicht kindisch? Schließlich war ich keine sechs Jahre mehr alt, sondern stand solide im Mittdreißiger-Leben.

Seit gut zehn Jahren lebe ich nun in Berlin. Hier habe ich meine erste Arbeitsstelle nach dem Studium angenommen. Hier bin ich innerhalb der Stadt dreimal umgezogen. Hier habe ich meine Arbeitsstelle gewechselt. Bei jeder Veränderung blieb eines erhalten: Die Freunde aus der jeweiligen Lebensphase lebten weiterhin in ihren Kiezen. Ich wollte nicht weg! Und schämte mich gleichzeitig ein bisschen dafür. Als gäbe es in Hamburg keine Menschen, die nett wären, die man während der Arbeit oder auf dem Spielplatz oder in einem Café kennenlernen könnte. Ich wollte aber *nicht weg*!

Lieber hielt ich es in diesen Momenten mit Jane aus dem Film *Freunde mit Geld*, gespielt von Frances McDormand, die ihren 43. Geburtstag mit ihren zwei besten Freundinnen und deren Ehemännern sowie der dritten besten Singlefreundin feiert. Sie bedankt sich für die Glückwünsche mit einer Liebeserklärung, die sie leicht gequält, aber auch gerührt vorträgt: »Ich weiß nicht, was ich ohne euch machen würde; wenn ich mir vorstelle, wie mein Leben aussähe, wenn ich euch nicht als Freunde hätte, dann würde ich sterben wollen.«

Doch ja. Genau so ist es! Man kann zwar nicht von den Freunden und Freundinnen leben, aber auch nicht ohne sie. Selbstverständlich war ich mir darüber bewusst, dass dieses Leben nicht immer unkompliziert ist. Nach einem

Geburtstagsdinner, wie Jane es mit ihren Freunden feiert, folgt der Heimweg, auf dem die Paare gerne über Janes ungewaschene Haare lästern und den mittlerweile hundertsten Beleg dafür gefunden haben wollen, dass ihr Mann in Wahrheit schwul sei. Wer hat schon behauptet, dass Freundschaften immer nur freundlich seien! Ich wollte trotzdem nicht weg.

Vergangenen Sommer beauftragte das evangelische Magazin *Chrismon* das Emnid-Institut mit einer Umfrage zum Thema Heimat. Die Redakteure wollten wissen, wie die Menschen Heimat definieren. 91 Prozent antworteten, dass Heimat für sie dort ist, wo ihre Familie ist. An zweiter Stelle folgten die Freunde als Grund dafür, sich an einem Ort beheimatet zu fühlen. 85 Prozent waren der Meinung, vor allem für die 14- bis 29-Jährigen sind Freunde wichtig.

Eines Abends sagte mein Mann plötzlich zu mir: »Ich würde mit dir überallhin gehen, auch nach New York.« Wir saßen auf unserem kleinen Balkon im Hinterhof und rauchten in den Berliner Himmel. Die Luft roch warm, wir hörten tatsächlich eine Grille zirpen, es war Sommer und jenes halbe Jahr vergangen, seit er zum ersten Mal den Zug nach Hamburg genommen hatte. Ich schluckte und spürte den Kloß im Hals größer werden. »Nun ja, vielleicht ist Hamburg halt nicht New York«, nuschelte ich verlegen. Insgeheim fragte ich mich, ob etwas mit mir nicht stimmte. Hamburg war ja nun auch nicht Pinneberg. Oder Bielefeld. Oder Stuttgart! Um mich herum tummelten sich all die verzweifelten Singles auf der Suche nach der großen Liebe, für die sie alles tun würden – und ich? Will unsere Freunde nicht zurücklassen.

Nach und nach meldeten sich Zweifel an: War ich etwa strukturkonservativ, wie man neuerdings statt spießig sagt? Wie weit würde ich mit dieser Haltung kommen? Mein Alltag spielt sich ja nicht in einem Reihenhaus ab, das ich ohne sonstige berufliche Aufgaben hege und pflege. Im Gegenteil, ich bin ziemlich gut in der Postmoderne angekommen: Ich kann meinen Beruf selbst bestimmen, ich darf meine Liebesbeziehungen eingehen und wieder auflösen, ich lebe heute glücklich hier und morgen bei Bedarf und Bedürfnis eben dort.

Individualisierung nennen Soziologen wie Ulrich Beck diesen Prozess, der sich vor allem in den Neunzigerjahren beschleunigt hat. Keiner von uns steckt mehr in kollektiven, nicht hinterfragbaren Zwängen, jedem steht das Recht zu, sich selbst zu verwirklichen. Ist doch wunderbar. Und eigentlich ganz im Sinne der Aufklärung gelaufen.

Leider ergibt die schöne neue Freiheit im Alltag oft unwürdige Anschlussprobleme. Man darf nicht nur, man muss ständig Entscheidungen treffen. Das führt nicht immer zum Glück, sondern oft zur Überforderung. Ich zum Beispiel meide große Supermärkte. Also: große Riesenmegasupermärkte, die nicht nur 20 verschiedene Sorten Aprikosenmarmelade anbieten, sondern daneben 20 andere Fruchtarten von jeweils 20 verschiedenen Marken. Was soll ich mit dieser Auswahl anfangen? Entweder kaufe ich die, die ich immer kaufe. Oder ich lasse mich von einem Tipp mir wohlgesonnener Menschen durch den Angebotsdschungel leiten: den Freunden und Bekannten.

Mit dem Internet geht es mir ähnlich. Ich bewege mich immer auf den gleichen Seiten, habe erst kürzlich nach zehn Jahren zum ersten Mal meine Startseite verändert und wage mich nur unter einer Bedingung hinaus in die virtuelle Fremde: wenn ein Freund oder eine Freundin einen Link mit mir teilt. Darum geht es bei unseren Freundschaften zu einem großen Teil: um Orientierung und Unterstützung im Alltag. Ihr Einfluss auf uns ist nicht gering zu schätzen. Wie das österreichische Magazin *Profil* im Artikel »Freunde sind die Familie des 21. Jahrhunderts« berichtet, haben Soziologen an der Harvarduniversität bei einer Untersuchung herausgefunden, dass ein glücklicher, ausgeglichener Freund die Chancen für die eigene Zufriedenheit um 25 Prozent erhöht. Ein gut gelaunter Ehepartner besitzt hingegen nur ein Drittel dieser Einflusskraft.

Nicht nur die Wirtschaft, auch die Politik weiß mittlerweile sehr gut um diese Bedeutung von Freunden. Ein Experiment auf Facebook Ende 2010 bestätigte eine naheliegende, aber bis dato unbewiesene Vermutung. Der Forscher James Fowler von der University of California fand heraus, dass Freunde das Wahlverhalten beeinflussen. Von den Millionen von Menschen, die sich auch am Tag der letzten Kongresswahlen in den USA auf Facebook eingeloggt hatten, bekamen 61 Millionen folgende Meldung angezeigt: »Heute ist Wahltag.« Dazu ließ sich ein Feld anklicken, auf dem stand: »Ich habe gewählt.« Bei einem Teil der Leute wurden zugleich die Profilfotos all jener Facebook-Freunde angezeigt, die bereits gewählt oder zumindest auf das Feld geklickt hatten. Die Bestätigungsrate lag bei diesen Nutzern um 2,1 Prozent höher als bei jenen, die keine Fotos der Freunde angezeigt bekommen hatten. »Sozialer Einfluss ist der beste Weg, um die Wahlbeteiligung zu erhöhen«, so lautete das Resümee von Fowler. Das Ergebnis lässt sich auf alltägliche Lebensbereiche übertragen. Freunde erhöhen auch das Gefühl des Aufgehobenseins.

Die britische Soziologieprofessorin Sasha Roseneil fand 2006 in einer Studie heraus, dass Freundschaft zu einem zentralen sozialen Stützpfeiler der Menschen geworden ist. Sie interviewte Männer und Frauen im Alter zwischen 25 und 60 Jahren, aus unterschiedlichen Milieus und Berufen, mit und ohne Familie beziehungsweise feste Beziehung. Sie alle ziehen laut Roseneil einen ähnlichen Nutzen aus ihren Freundschaften: »emotionale Fürsorge und Unterstützung, zumal wenn sexuelle und/oder Liebesbeziehungen in die Brüche gingen, aber auch einen erheblichen Teil der praktischen Hilfe und Unterstützung im Alltag.«

Für diese Fürsorge waren früher andere zuständig: die Kernfamilie, in die man hineingeboren wurde. In zweiter Linie dann die selbst gegründete Familie. Heute leben wir mit einer dritten Institution: einer Ersatzfamilie, unseren Freunden. Sie ermöglichen uns einen »dritten Weg«, wie es der Soziologe Heinz Bude nennt, »jenseits der durch Sex vermittelten Liebesbeziehung und jenseits des durch Geld vermittelten Dienstleistungsverhältnisses«. Wer jemals versucht hat, einen Umzug ohne professionelles Unternehmen zu organisieren, weiß ungefähr, wovon Bude spricht. Etwas heldenhafter lebt ein gewisser Batman seit Jahrzehnten den dritten Weg im Kreise seiner Ersatzfamilie. Ob nun Robin, Catwoman oder Batgirl, um nur die bekanntesten zu nennen: Mit ihnen allen verbindet die Comicfigur Bruce Wayne alias Batman eine nicht-familiäre, enge Beziehung, die auf Vertrauen und Respekt beruht.

Leider birgt diese Ersatzfamilie einen großen Widerspruch, mit dem wir auch leben müssen: Keiner der Freunde hat eine Verpflichtung, fürsorglich zu sein. Keiner muss den Robin spielen und einem zur Seite stehen, wenn man gerade mal wieder die Welt retten will. Niemand muss an einem Wochenendtag um neun Uhr vor der Tür stehen, um bis abends Kisten aus einem vierten Stockwerk nach unten und anschließend in ein fünftes nach oben zu schleppen. Als meine Schwester zuletzt einen improvisierten Umzug organisiert hatte, fragte sie zunächst sehr vorsichtig bei ihrer Kernfamilie an, bei mir beziehungsweise über mich bei meinem Mann. »Sag mal, meinst du, unter Umständen, könnte er mir mit der Waschmaschine helfen?«, mailte sie. »Ich kenne nicht so viele Jungs, die das tragen könnten – und na ja, die, die ich kenne, haben keine Zeit.«

Ich leitete die Anfrage gerne weiter. Zu mehr war ich nicht verpflichtet – anders als früher ist selbst das Verhältnis unter Geschwistern freundschaftlich geworden. Dafür leistete ich bereitwillig emotionalen Beistand. »Weißt du, was ich am schlimmsten finde?«, fragte meine Schwester schließlich bei einem Kaffee in ihrer neuen Wohnung. »Nicht die Leute, die keine Zeit oder Lust haben«, echauffierte sie sich. »Sondern all diejenigen, die noch nicht mal antworten, ob sie helfen können. Da hört man gar nichts!« Sie leitete daraus eine Umzugstheorie ab, Heinz Bude spricht allgemeiner von der »teuflischen Kontingenzerfahrung der Modernität«. Ein diabolisches Wort, das nichts anderes beschreibt als die Unsicherheit, die unser Leben mit sich bringt: »Man kann also immer wählen, darf sich allerdings niemals sicher sein, dass man auch gewählt wird.« Das gilt nach Bude nicht nur für Liebesbeziehungen. Im Umkehrschluss kann jeder, der gewählt wird, niemals sicher sein, wie lange und mit welchen Absichten die Wahl anhalten wird.

In einer der ehrlichsten Szenen des Films *Freunde mit Geld* geht es genau darum. Das wohlhabende Paar Franny und Matt unterhält sich über die Problemfrau im Freundeskreis, während es sich für ein Charity-Essen zurechtmacht.

MATT *(zieht sich gerade seine Socken an)*: »Weißt du, ich glaube, dass ihr beide nicht sehr viel gemeinsam habt.«

FRANNY *(steht bereits perfekt gestylt im Mantel an der Tür)*: »Ich weiß. Manchmal frage ich mich, ob wir Freundinnen wären, wenn wir uns jetzt begegnen würden.«

MATT: »Wohl eher nicht.«

FRANNY: »Vermutlich nicht.«

Die Rede ist von Olivia, der einzigen Singlefrau aus dem Freundeskreis, gespielt von Jennifer Aniston. Die Schauspielerin hatte zuvor über zehn Staffeln lang als Sorgenkind in der Fernsehserie *Friends* ihre Erfahrungen mit einem Freundeskreis sammeln dürfen. In diesem Film bereitet sie als Olivia den anderen Freundinnen und Freunden jedoch nicht nur aufgrund ihres Beziehungsstatus Probleme. Erschwerend kommt hinzu, dass sie ihren Beruf als Lehrerin mit einem Job als Putzfrau getauscht hat. Sie steht somit auf einer sozialen Stufe mit den Reinigungskräften ihrer Freunde.

Dass sie bei allen Unterschieden dennoch befreundet

sind, hat mit ihrer gemeinsamen Highschool-Zeit zu tun. Damals haben sie sich, wie so viele andere, jeden Tag gesehen, gemeinsam Dinge erlebt, sind vielleicht nebeneinandergesessen.

Physische Nähe spielt beim Beginn von Freundschaften eine große Rolle. Das hat der Psychologieprofessor Mitja Back von der Uni Mainz in einer Studie mit Erstsemestern herausgefunden. Per Zufallsprinzip ließ er den Studierenden in seinem Seminar Sitzplätze zuweisen. Ein Jahr später stellte sich heraus, dass diejenigen stärker befreundet waren, die nebeneinandergesessen hatten. Doch was geschieht, wenn die Nähe nicht mehr gewährleistet ist, auch nachdem man länger und gut befreundet war? Wären Olivia und die anderen überhaupt noch befreundet, wenn sie nicht im gleichen Dorf ihre Häuschen stehen hätten? Wahrscheinlich eher nicht, ganz unabhängig von ihrem Einkommen oder ihrer beruflichen Tätigkeit, ihrem sozialen Status und ihrem Beziehungsstand. Räumliche Distanz erschwert es, Freundschaften zu leben.

Viele Mittdreißiger und -vierziger stehen heute vor diesem Dilemma: Wer sich selbst verwirklichen will, dem wird nicht nur Flexibilität abverlangt, sondern auch Mobilität. Die Arbeitgeber wechseln häufiger als früher. Die persönlichen Lebensumstände ändern sich schneller. Partner heiraten nicht nur, sie lassen sich auch wieder scheiden und geben damit nicht nur ihre Liebesbeziehung auf, sondern auch so manchen Freund aus dem gemeinsamen Freundeskreis. Menschen pendeln für ihre Arbeit in andere Städte, da es dort nicht nur attraktivere Jobs gibt, sondern oftmals überhaupt eine Stelle. Immer häufiger nehmen die Menschen um uns herum Auszeiten, gehen auf Kur und verändern danach ihren Alltag, ihre Lebensgewohnheiten und mitunter auch die Freundeskreise – ob gewollt oder bedauerlicherweise. Wir alle brauchen unsere Freunde als Stützen, aber gerade die Freunde sind es, die wir schneller wieder verlassen, als uns eigentlich lieb sein kann. Wir haben schließlich keinen Vertrag geschlossen.

Selbst in den USA, die sich im kulturellen Selbstverständnis seit jeher als mobile Gesellschaft verstanden haben, stoßen die Menschen bei diesen Anforderungen an ihre sozialen Grenzen. Die US-Soziologin Marla Paul spricht aus eigener Erfahrung sogar von einer »Krise der Freundschaft«. Es sei zu einem Problem geworden, nach der Kindheit Freunde zu finden und zu behalten, so lautet die These ihres Buchs. Sie spricht aus eigener Erfahrung. Vor einigen Jahren zog sie mit ihrer Familie zurück in ihre Heimatstadt Chicago. Sie hatte sich für ein Haus in einem Vorort entschieden, mit netten Nachbarn, anderen Eltern und Kindern. Sie sahen sich täglich, wenn sie ihr Kind in die Schule brachte und wieder abholte. Als sie eines Tages einen Notfallbogen für ihre Tochter ausfüllen musste, wurde ihr jedoch bewusst, dass sie niemanden gut kannte. Unter anderem gab es drei Felder, in die Nachbarschaftskontakte für Notfälle einzutragen waren. Sie hatte keinen einzigen.

Lange Zeit dachte sie, sie wäre alleine mit ihrem »Freundessingle-Status«, wie sie es so schön nennt, mit dem Gefühl der Einsamkeit ohne Freunde in der alten, aber nun unvertrauten Umgebung. Als sie in der *Chicago Tribune* ein selbstoffenbarendes Essay veröffentlichte, war die Resonanz groß. Vor allem Frauen schrieben ihr und berichteten von ganz ähnlichen Erfahrungen. Sie zweifelten an sich selbst, ob es an ihnen lag, dass sie keine Freunde fänden. »Ich hatte den Vorhang von einem beschämenden Geheimnis gelüftet«, schreibt Paul, »dabei ist daran nichts Beschämendes. Viele Frauen sind einsam. Und es ist verdammt schwer, in unserer ökonomisierten Kultur neue Freundschaften zu schließen.«

Vor allem in der Lebensphase zwischen 30 und 40, die der Soziologe Hans Bertram so treffend als »Rushhour« bezeichnet, wird es eng. Familie, Beruf, Partner, vielleicht eine Patchworkfamilie – und zahlreiche, gute Freunde? Niemand hat die Zeit, das alles zu vereinbaren. Freunde erscheinen oft als das schwächste Glied in der Kette, denen schuldet man am wenigsten und ist zu nichts verpflichtet. Man verliert sie schnell aus den Augen. Dabei wollen wir unmittelbar auf diese Bezugspersonen zurückgreifen, sobald Probleme in anderen Lebensbereichen auftreten und wir Gesprächs- oder Beratungsbedarf haben. Woher sollte man sie denn plötzlich nehmen?

In den USA gibt es mittlerweile einige Lösungsangebote für das Dilemma. Etliche Zeitungen haben die Kleinanzeigen-Rubrik »Friends wanted«, zu deutsch »Freunde gesucht« eingeführt. In New York zählt der Singleklub »Social Circles« zu den prominentesten der Stadt. 90 Prozent der Mitglieder treten ihm in der Absicht bei, Freunde zu finden. Im Vergleich zu vor fünf Jahren sei das ein Anstieg von 60 Prozent, schreibt Marla Paul. Es scheint zu funktionieren.

Sie selbst belässt es in ihrem Buch auch nicht bei einer

Leidensgeschichte dieser teuflischen Moderne, sondern kommt zu dem beruhigenden Schluss: »Wie sich herausgestellt hat, leiden alle an Phasen der Einsamkeit, aber nicht immerwährend. Freunde sind eine erneuerbare Ressource, dem Himmel sei Dank.« Die sprachliche Nähe zur Energieversorgung, Freundschaft als Ressource, erscheint mir eigentlich ganz passend. Auf gewisse Art handelt es sich bei dieser Beziehungsform schließlich um einen Treibstoff, mit dem man durchs Leben kommt. So ganz überzeugen kann mich Pauls pragmatisches Pathos leider dennoch nicht.

An jenem Morgen im Büro, als ich den raunzigen Busfahrer als Pluspunkt auf meiner Liste verbucht hatte, kam ich plötzlich doch wieder ins Grübeln. Nein, ich würde Freunde nie als erneuerbare Ressource bezeichnen. Sie sind doch jeder für sich einzigartig, keiner und keine von ihnen lässt sich so einfach austauschen. Es kann doch bitte nicht egal sein, mit wem ich meinen Kaffee trinke, lachen kann oder über meine Sorgen spreche. Ich fürchte, in dieser Hinsicht bin ich durch und durch europäisch geprägt: Unser Freundschaftsbegriff definiert sich immer noch stark über ein romantisches Ideal, das den Alltag nicht wirklich erleichtert. Unsere einzigartigen Freunde sollen uns in jeder Hinsicht glücklich machen. Kann man in der Folge überhaupt von *den* Freunden im Allgemeinen sprechen?

Der Begriff war instinktiv auf meiner Liste nach oben gerutscht. Wen meine ich damit eigentlich? Wen würde ich da zurücklassen, und bei welchen Menschen handelt es sich im traditionellen Sinne gar nicht um Freunde, aber vielleicht in einem zeitgemäßen Sinne? Und wer bitte ist mein bester Freund? Meine beste Freundin?

Wahre Freunde

Das Ideal

Mitten in der Wüste Sahara. Die Sonne hat sich zurückgezogen, ein Mann legt sich neben seinem Flugzeugwrack im Sand schlafen. Als die Sonne einen neuen Tag anbrechen lässt, erklingt plötzlich eine Stimme…

DIE STIMME: »Zeichne mir ein Schaf…«

Der Mann schreckt hoch und sieht ein kleines Männlein. Er lässt es wissen, dass er nicht zeichnen kann.

DAS MÄNNLEIN: »Das macht nichts. Zeichne mir ein Schaf.«

Der Mann gibt nach und zeichnet die einzige Zeichnung, die er je zu Papier gebracht hat: eine Boa, die einen Elefanten gefressen hat – worin seine Mitmenschen jedoch nur einen Hut sehen.

DAS MÄNNLEIN: »Nein! Nein! Ich will keinen Elefanten in einer Boa. Eine Boa ist sehr gefährlich, und ein Elefant ist sehr sperrig. Bei mir zu Hause ist alles winzig. Ich brauche ein Schaf. Zeichne mir ein Schaf.«

Ich erinnere mich noch gut, wie sich an dieser Stelle die Stimme dieses Männleins in meinem Kassettenrekorder überschlug und noch etwas höher fiepte. Es irritierte mich, nicht nur wegen der seltsamen Tonlage, vor allem auch wegen der Schlange. Ich war zehn Jahre alt und hatte für meine wachsende Sammlung an Hörspielen eine Kassette von Antoine de Saint-Exupérys *Der kleine Prinz* geschenkt bekommen. Das Buch stand bereits in meinem Regal. Die Zeichnung des Erzählers war dort abgebildet. Immer wenn ich die Seite aufschlug, blickte ich auf einen schwarzen Hut mit einer dicken Delle. Seltsam. Offensichtlich gehörte ich zu all den Mitmenschen, die weit und breit keine Schlange entdecken konnten. Aber dieser seltsame Prinz konnte es.

Der Erzähler und das Männlein wurden beste Freunde.

Als Kind rätselte ich sehr über die Tatsache, dass die beiden sich aufgrund dieser schlichten Zeichnung angefreundet hatten. Bei uns, den Nachbarskindern und Schulkameraden, entschieden ganz andere Dinge über Freundschaften. Wer war für ein Abenteuer zu haben? Von wem gab es eine Einladung zum Übernachten? Wer half schon mal mit ein paar Pfennigen aus, wenn das eigene Taschengeld nicht mehr reichte, um die Kaugummipackung legal zu erwerben? Ich stellte mir vor, wie plötzlich so ein kleiner Prinz mit Fiepstimme in unserer großen Pause vom Himmel auf den Schulhof gefallen wäre. Mit großer Wahrscheinlichkeit wäre er mitten in unsere Verhandlungen geplatzt – darüber, wer an beiden Enden des Gummibands stehen muss, um es zu spannen, und wer hüpfen darf.

Ohne ein nettes Hallo wäre er nicht sehr weit gekommen. Um annähernd eine freundschaftliche Ebene zu erreichen, hätte er sich freiwillig in das Gummiband stellen müssen, damit einer von uns von der langweiligen Aufgabe erlöst gewesen wäre. Ohne vergleichbare Freundschaftsdienste lief nichts. Mit einer Ansage wie: »Zeichne mir ein Schaf!«, hätte er es wahrscheinlich nur in die Runde derjenigen geschafft, die im Sportunterricht bei der Mannschaftsauswahl übrig blieben.

Am allermeisten aber setzte mir das Ende der Geschichte zu: Auch wenn ich nicht nachvollziehen konnte, weswegen dieser Prinz nun der beste Freund dieses Mannes war, so hatte ich gar kein Verständnis mehr dafür, dass er sich einfach aus dem Staub machte. Zack, zurück auf seinen Planeten. Als wäre nichts gewesen. Und das soll ein bester Freund sein? Ich verstaute die Kassette bis auf Weiteres in meinem Regal, weit hinter den Abenteuergeschichten der »Fünf Freunde« und der »Drei ???« oder auch der TKKG-Combo. Ganz zu schweigen von den »Asterix & Obelix«-Heften und »Tim & Struppi«-Comics.

Sie alle entsprachen meinem kindlichen Ideal von Freundschaft sehr viel mehr als dieses seltsame Männlein in der Wüste. Es handelte sich immer um eingeschworene kleine Gruppen oder Pärchen, egal ob Mädchen oder Jungs, ob Mann und Hund, sie hielten zusammen. Manchmal ging es gegen die Eltern und andere Autoritäten. Meistens jedoch kamen sie auf ihren gemeinsamen Unternehmungen den schlimmsten und fiesesten Verbrechern auf die Schliche. Am Ende siegte die Gerechtigkeit, gewannen die Guten, also die Freunde. Denn sie konnten sich in jeder Notlage aufeinander verlassen. Sie konnten sich immer und absolut vertrauen – gerade weil sie ihre

Eigenheiten respektierten. Der eine war dick, der andere besserwisserisch, die dritte störrisch und die vierte ängstlich. Beneidenswert!

Manchmal zogen wir nach der Schule in unserer kleinen Combo los, mit Spielzeug-Walkie-Talkies und Blöcken ausgerüstet, und notierten die Kennzeichen der Autos, die auf der Straße vorbeifuhren. Wenn es langweilig zu werden drohte, weil sich kein Verbrecher darunter fand, musste einer von uns in einen verborgenen Brunnen stürzen – wir buddelten dafür sogar ein Erdloch in den Nachbargarten, um unseren Freund heldenhaft retten zu können.

Fast dreißig Jahre später notiere ich keine Kennzeichen mehr und rette keinen meiner Freunde aus Erdlöchern. Obwohl das sicher zur Abwechslung auch seinen Reiz hätte. In der Zeichnung jenes Erzählers in Antoine de Saint-Exupérys *Der kleine Prinz* sehe ich allerdings noch immer einen Hut. Wenn ich mich anstrenge, kann auch ich einen Elefanten erkennen, der in einer riesigen Schlange feststeckt. Der größte Unterschied zu damals aber ist: Die Vorstellung, sich über eine Zeichnung anzufreunden, in der man anders als alle anderen etwas Gleiches sieht, irritiert mich nicht mehr. Sie löst eher ein Gefühl von Wehmut aus. Wie so viele andere Erwachsene hätte ich auch gerne so einen exklusiven besten Freund!

Einer, der uns am besten ohne große Worte versteht!

Einer, der die Welt mit genau den gleichen Augen sieht!

Einer, dem wir uns vertraut gemacht haben, wie der Erzähler dem Prinzen.

Einer, der sich daher für uns verantwortlich fühlt und immer für uns da ist.

Ein bester Freund, der uns nie im Stich lässt – egal wie es uns geht.

Wie die meisten Erwachsenen weiß auch ich, dass dieser beste Freund eher in Erzählungen und fantastischen Träumen zu finden ist als im realen Leben. Bevor er sich dort niederlässt, färbt sich die Leinwand schwarz, der Abspann ertönt, oder der nächste Werbeblock trällert seine Botschaften aus den Lautsprechern. Schwupps, ist der beste Freund wieder auf seinem fremden Planeten verschwunden. Und dennoch träumen wir alle von einem Leben an seiner Seite. Mit einem großen Gewinn: Selbst wenn wir das Ideal nie erreichen, alleine die Idee, es jemals vielleicht zu schaffen, macht glücklich. Sie hält sogar ganze Gesellschaften zusammen.

Der Aufklärer Immanuel Kant unternahm als Erster den Versuch, die romantische Vorstellung einer tiefen seelischen Verbundenheit mit dem eher rationalen, moralischen Konzept von Freundschaft zu verknüpfen. Letzteres geht davon aus, dass Freundschaften ein vernünftiges Miteinander und gegenseitigen Respekt bei allen sozialen Unterschieden in einer Gesellschaft garantieren. Kant gesteht den Menschen zu, dass sie keine reinen Vernunftwesen sind, dass sie sich auch affektiv und emotional verhalten. Er unterscheidet daher zwischen der Idee der Freundschaft und ihrer Realisierung. Auch wenn es im echten Leben kaum einen wahren Freund geben dürfte, heißt das noch lange nicht, dass die Idee eines wahren Freundes falsch ist. Kant geht vielmehr davon aus, dass man von einem wahren Freund voraussetzen kann, dass er einem in der Not helfen würde. Dieses Wissen aber müsse sich nicht im Alltag beweisen. Im Gegenteil. Denn zur wahren Freundschaft gehören schließlich zwei, also nach Kant auch die Aufgabe, von jenem Freund nicht zu erwarten, dass er einem bedingungslos zur Verfügung stehe. »Weil ich aber auch ein wahrer Freund von ihm bin, so muss ich ihm solches nicht zumuten und ihn in solche Umstände der Verlegenheit versetzen«, so argumentiert Kant in seiner *Vorlesung über Ethik*.

Das Ideal der Freundschaft bleibt dabei wahr und richtig, und damit auch die Sehnsucht nach diesem wahren Freund. Sie kultivieren wir mit all den Filmen, Büchern, Serien und Popsongs, die uns von diesem Ideal erzählen.

Äußerst erfolgreich war vor einigen Jahren die deutsche Komödie *Friendship!* mit Matthias Schweighöfer. Er spielt Tom, der seinen besten Freund Veit, ohne groß zu zögern, sofort begleitet, als der nach dem Fall der Mauer nach San Francisco aufbrechen will. Das Geld reicht eigentlich nur bis nach New York. Beide sprechen kein Wort Englisch außer »Friendship«, das sie in Anlehnung an den sozialistischen Klassengruß »Freundschaft« für relevant halten und gelernt haben. Sie ziehen trotzdem los und schlagen sich durch. Sie halten zusammen, auch in schlechten Zeiten.

Tom schnappt Veit die Freundin weg. Veit lügt Tom an und verschweigt den wahren Grund seiner USA-Reise, auf der er gar nicht den westlichsten Punkt der Welt sehen will, sondern endlich seinen Vater treffen möchte. Der ist aus der DDR geflüchtet und hatte sich nur mit Postkarten zu Weihnachten aus San Francisco bei ihm gemeldet. Der Freundschaft von Tom und Veit kann das alles am Ende nichts anhaben, denn beste Freunde verzeihen sich so einiges. Sie sind und bleiben sich bedingungslos verbunden.

Das Ideal der innigen, seelenverwandten Freundschaft ist älter als das der romantischen Liebe. Unseren Alltag prägt es bis heute stärker, als es zwischen all den Tweets und Facebook-Likes den Anschein hat. Die Sängerin Carol King hat es in einer Ohrwurm-Hymne verewigt:

When you're down in troubles
And you need some love and care
And nothing, nothing is going right
Close your eyes and think of me
And soon I will be there
To brighten up even your darkest night
You just call out my name
And you know wherever I am
I'll come running to see you again
Winter, spring, summer or fall
All you got to do is call
And I'll be there
Yes I will
You've got a friend

Carol Kings Ode an die Freundschaft von 1971 zählt zu jenen Songs, die ins kollektive Bewusstsein eingegangen sind. Zahlreiche Filmszenen und -anfänge wurden damit unterlegt. Kaum ein Wunschkonzert kommt ohne den Song aus. Auf Videokanälen werden zigfach persönliche Widmungen zusammengeschnitten, ein Sammelsurium an platonischen Liebeserklärungen an die engsten Vertrauten. Kaum ein Song eignet sich dafür so gut wie diese Ballade: Sie beschreibt unser Ideal in schönster, wehmütiger Klarheit.

Michel de Montaigne, der große Romantiker unter den Humanisten, ist nicht ganz unschuldig an dieser Idealisierung. Seine Schrift *Von der Freundschaft* stammt bereits aus dem 16. Jahrhundert und gilt nach wie vor als Maßstab bei der Definition einer besten, wahren Freundschaft. Montaigne kam glücklicherweise in ihren Genuss, zumindest stellt er es in seinem Essay so dar. In seiner Zeit als Gerichtsrat am Parlament von Bordeaux, dem Obersten Gerichtshof der Provinz Guyenne, hatte er den Richter Étienne de la Boétie kennengelernt.

Als eigentlichen Beginn ihrer Freundschaft nennt Montaigne jedoch einen früheren Zeitpunkt: die Lektüre der *Discours de la servitude volontaire*, eine Abhandlung über die freiwillige Knechtschaft, mit der de la Boétie Mitte des 16. Jahrhunderts für Aufsehen gesorgt hatte. Montaigne beeindruckte nicht nur ihre politische, humanistische Haltung, sondern auch die Intellektualität; beide weist er als Grundpfeiler der späteren Freundschaft aus.

Zum vollkommenen Ideal stilisiert er sie jedoch aufgrund einer tiefen, seelischen Vertrautheit, die einer »Verschmelzung« gleichkomme. Montaigne geht sogar so weit, dass er ein ihm anvertrautes Geheimnis einer anderen Person, diesem Freund selbstverständlich mitteilen dürfe. Denn »er ist ich«. Unter diesen Umständen sieht selbst das Internet alt aus, das uns moderne Menschen verbindet, egal an welchem Ort der Welt wir uns befinden. Denn diese seelenverschmolzene Beziehung lässt sich nicht mal eben connecten, und sie lässt sich durch nichts trennen – außer dem Tod.

Diese besondere Beziehung entsteht von Schicksals Hand

und ist somit in ihrer Exklusivität einzigartig. Man ahnt schon, wie hoch Montaigne dementsprechend die Wahrscheinlichkeit ansieht, dass so eine Freundschaft entsteht: »Es ist folglich bereits viel, wenn dem Schicksal das alle drei Jahrhunderte einmal gelingt.«

Wie bei allen Idealen steht an ihrem Anfang eine Idealisierung, Montaigne hat so gesehen mit einer Idee nachhaltig Spuren hinterlassen, von der er behauptet, sie in der Freundschaft mit Boétie erlebt zu haben. Und so träumen wir bis heute von den echten Freundschaften, der absoluten Vertrautheit, der ewigen Verbundenheit. Wir malen uns unsere Wunschbilder, zimmern Alter Egos, besonders gerne in Lebensphasen, in denen Weltschmerz überwiegt oder eine unangenehme Entscheidung ansteht.

Oftmals sind es Phasen, in denen wir uns einsam fühlen oder Angst davor haben, einsam zu sein – schlimmer noch: es für immer zu bleiben. Dafür muss man ja nicht gleich nach einem Flugzeugabsturz mutterseelenalleine in der Sahara sitzen. Es reicht schon, einen der zahlreichen Umbrüche zu erleben, die unser moderner Alltag mittlerweile schnell erfordert: den Verlust des Arbeitsplatzes; einen berufsbedingten Umzug; eine Trennung oder Scheidung; ein Neuanfang in einer anderen Stadt oder auch nur in einem anderen Haus, mit anderen Nachbarn und weniger Freunden, nachdem einige der alten in der anderen Stadt oder beim Expartner geblieben sind.

An Tagen, an denen auf meiner Liste kein einziger Punkt für die Stadt Berlin dazugekommen war und ich mich bereits mutterseelenallein in Hamburg sitzen sah, war sogar ich kurz davor, eine WLAN-Verbindung zum Planeten des kleinen Prinzen aufzubauen. Vielleicht würde er sich ja erbarmen und aus dem Hamburger Himmel zu mir herabfallen. Zur Not hätte ich in meiner Verzweiflung sogar noch ein Schaf zu Papier gebracht, damit er mir beistehen möge.

So wunderbar schön diese Vorstellung auch sein mag, sie birgt immer eine Gefahr: Wer sich diese Art besten Freund erträumt, endet schnell wie der Philosoph Aristoteles: »O meine Freunde«, so soll er über seinen Studien geseufzt haben, »es gibt keinen Freund!« Zumindest keinen, der diesem Ideal in Reinform entspricht. Wer ihn trotzdem sucht, wird schnell desillusioniert.

Dem Freiherrn Adolph Knigge verdanken wir nicht nur alle möglichen Benimmregeln, sondern auch eine in dieser Hinsicht tröstende Erkenntnis. Niemand muss in seiner Not auf den einen wahren, besten Freund warten – und das vergeblich. Um glücklich zu sein, brauche der Mensch an verlässlichen Freunden »nur etwa drei in der Welt«, schreibt Knigge in seinem bekanntesten Werk *Über den Umgang mit Menschen*. Nur etwa drei sind eindeutig mehr als ein einziger, exklusiver. Knigge bezeichnet sie daher auch nicht als wahre Freunde, sondern als »verlässliche«. Von diesen guten statt besten Freunden muss niemand nur träumen. Sie finden wir auch heute mit ziemlicher Sicherheit in unserem Leben. Nicht das Schicksal sorgt dafür, sondern wir selbst.

Gute Freunde

Die postmoderne Realität

Ein italienisches Restaurant in Stuttgart. Zwei Frauen sitzen bei Kerzenlicht an einem der kleinen Tische, essen Pasta, trinken Rotwein und unterhalten sich mehr oder weniger angeregt. Bis ein junger Mann ins Restaurant stürmt, sich zu ihnen setzt und die blonde der beiden Frauen nach kurzem Wortwechsel »Spießertusse« nennt. Die verlässt das Lokal, die dunkelhaarige der beiden Frauen rennt ebenfalls hinaus. Der Mann folgt ihr.

LOLLE *(aufgebracht, während sie ihre Jacke anzieht)*: »Was sollte der Scheiß?!«

HART: »Die wollte dir sagen, wie du rumzulaufen hast!«

LOLLE: »Hart! Es ging um mein Nasenpiercing!«

HART (*fällt ihr fast ins Wort*): »Das ist ein Geschenk von Sarah! Lolle! Lolle! Wenn du dich jetzt schon so verbiegen lässt, dann bist du in ein paar Jahren genau so 'ne Spießertusse!«

LOLLE: »Du hast kein Recht, dich in mein Leben einzumischen!«

HART: »O doch, das hab ich, ich bin nämlich dein Freund!«
LOLLE: »Freunde machen aber nicht so einen Scheiß.«
HART: »Echte Freunde machen so was schon.«
LOLLE: »Ach!«
HART: »Ja.«
LOLLE: »Dann kann ich auf echte Freunde verzichten.«
HART: »Wenn du das so siehst.«

Meine Nase ist nicht gepierct. Ich komme nicht aus Stuttgart. Aber wenn es so wäre, würde ich an Lolles Stelle vielleicht auch dorthin zurückgehen. Es war immer ihr großer Traum, die spießige Stadt zu verlassen. Zu Beginn der vierten Staffel der Serie *Berlin, Berlin* bekommt sie ausgerechnet dort ihre große Chance. Ein Verleger will einen ihrer Comics veröffentlichen. In Stuttgart wartet also nichts anderes als das ersehnte Versprechen: glücklich zu werden – in beruflicher Hinsicht. Doch dann taucht jener Mann im Restaurant beim Gespräch mit der Tochter des Verlegers auf. Er heißt Hart und ist einer der guten Freunde von Lolle. Er ist aus Berlin angereist, um sie zurückzuholen und – aus seiner Sicht – vor einem großen Fehler zu bewahren: dass sie sich unglücklich macht.

Soweit ich mich erinnere, haben meine »echten Freunde« aus Sorge um mich bisher noch keinen beruflichen Deal vereitelt. Wahrscheinlich käme im Fall eines Umzugs nach Hamburg auch eher der kleine Prinz dorthin gereist, um mich auf seinen Planeten zu holen, als meine Freunde aus Berlin. Zum Glück! Denn auf den ersten Blick sind sich wohl alle einig: Es wäre übergriffig und respektlos gegenüber meiner Entscheidung. So etwas machen gute Freunde nicht.

Gute Freunde sind schon alleine deshalb beruhigend, weil es sie gibt. Sie müssen gar nicht immer physisch anwesend sein. Schon gar nicht müssen sie Rettungsaktionen starten. Der Philosoph Wilhelm Schmid unterscheidet verschiedene Arten von Glück, die in diesen Freundschaften erlebt werden können. Unter anderem zählt er das Dasein des Freundes, das ständige Gespräch mit ihm, seinen Blick von außen auf die eigene Person und die gemeinsamen Deutungen von Ereignissen dazu. Was in der Theorie schrecklich unattraktiv und abstrakt klingt, geschieht im Alltag oft ganz beiläufig. Gerade deshalb fühlen wir uns in diesen Situationen besonders aufgehoben. Sie erscheinen mühelos und selbstverständlich.

Einmal saß ich gerade im Wartezimmer meines Augenarztes. Äußerlich sah man mir, wie ich öfter zu hören bekomme, nichts an. Ich blätterte konzentriert in einer Zeitschrift Marke *Gala*, *Bunte* oder so ähnlich und studierte jedes Wort der Klatschmeldungen so intensiv, als handelte es sich um eine Dissertation. Meine Hände waren ganz ruhig, ich schwitzte nicht mal. Innerlich aber zersprang gerade mein Kopf. Das Herz pochte schneller, und es war, als spülte es mit jedem Schlag mehr Gedanken nach oben ins Gehirn. War da doch ein Flimmern im Auge? Wenn ja, war es schlimm oder harmlos? Immer wieder machte ich die mir bereits bekannte Sehübung, linkes Auge zuhalten, mit dem rechten auf ein Liniengitter gucken. War da eine verschwommene Stelle? Genau dort, wo sich vor einigen Jahren schon mal die Netzhaut abgelöst hatte? Würde ich noch mal operiert werden müssen?

Seit diesem Vorfall damals, für den es in meinem Fall

keinen genaueren Auslöser zu benennen gibt als allgemein starke Kurzsichtigkeit, bin ich panisch. Jedes Flimmern löst eine große Unruhe aus. An jenem Tag hatte ich aus ängstlicher Vorsorge spontan den Augenarzt aufgesucht. Da saß ich also im Wartezimmer, mit der unschönen Aussicht, ohne Termin dort noch sehr lange zu sitzen. Plötzlich hörte ich eine vertraute Stimme an der Anmeldung im Zimmer nebenan. War das nicht…? Er war es. Reiner Zufall. Wir hatten nicht telefoniert, uns zuletzt vor Monaten gesehen. Ich hatte ihn nicht zu Hilfe gerufen. Er war zu einer Routineuntersuchung hier. Dennoch kam dieser gute Freund an jenem Tag genau richtig.

Ich legte die Klatschzeitschriften beiseite, als er das Wartezimmer betrat. »Hallo!«, rief er überrascht und setzte sich neben mich. »Was machst du hier?« »Ach, Kontrolltermin«, nuschelte ich schnell. Dann unterhielten wir uns über alles Mögliche – nur nicht über meine Augen. Wir kamen schnell auf ein berufliches Projekt, das mir seit Kurzem große Probleme bereitete. Ich musste eine Entscheidung treffen und wusste nicht, welche die richtige war. Nach eineinhalb Stunden im Wartezimmer, einem mir mitgebrachten Cappuccino und fünf diskutierten Szenarien für eine Lösung des Problems wurde ich aufgerufen. Ich war fast erstaunt. Was ich? Warum, mir fehlt doch nichts?, schoss es mir durch den Kopf. Bis mir einfiel: Doch, da war doch dieses Flimmern gewesen!

Vielleicht bin ich hypochondrisch veranlagt seit meiner Operation. Ich glaube eher nicht. Wahrscheinlich steigt bei zunehmendem inneren Druck auch der auf die Augen. Jedenfalls ging es mir nach dem Gespräch sehr viel besser. Das Flimmern nahm ich kaum mehr wahr. Ich vermute, es lag auch daran, dass sich das Treffen beiläufig, wie selbstverständlich ergeben hatte, ohne dass ich eines dieser legendären POGs – problem-orientierte Gespräche, wie meine gute Freundin selbstironisch zu sagen pflegt – hätte anmelden müssen. Dabei ging es ähnlich wie bei Lolle um gar nicht so wenig: zumindest eine existenzielle Frage in einem Teilbereich meines Lebens. Möglich war dies nur, weil wir ein vertrautes Verhältnis haben. Wir finden immer einen Anknüpfungspunkt, egal wie lange wir uns nicht gesehen haben.

Andererseits, ganz ehrlich: Ich hätte trotzdem nichts gegen einen Freund wie Hart und seine überbordende Fürsorge. Auf ihn ist Verlass. Auch in extremen Situationen. Er riskiert sogar die eigene Lächerlichkeit für das Glück des anderen.

Gute Freunde kann niemand trennen.
Gute Freunde sind nie allein.
Weil sie eines im Leben können
Für einander da zu sein.

Mit diesem Refrain schaffte es Kaiser Franz Beckenbauer 1961 mit einem Gastspiel als Sänger bis auf Platz 31 der Charts. Melodie und Text des Werbeliedchens für die Klassenlotterie sind denkbar schlicht, aber sie geben unsere Vorstellung von einer guten Freundschaft perfekt wieder: Sie zeichnet wechselseitige Fürsorge und Verlässlichkeit aus – im Unterschied zu loseren freundschaftlichen Kontakten.

Diese Definition stammt ursprünglich bereits aus der Antike. Sie hat alle gesellschaftlichen Veränderungen überlebt. Der griechische Philosoph Aristoteles unterscheidet in der *Nikomachischen Ethik* drei wesentliche Arten von Freundschaft: die Nutz-, die Lust- und die Tugendfreunde. Welche er gut bewertet, lässt sich leicht erkennen: Es sind nicht diejenigen Bindungen, die man aus einem bestimmten Nutzen oder aus Spaß an gemeinsamen Beschäftigungen eingeht. Es sind die »wertvollen, vollkommenen«, also die tugendhaften Freundschaften, in denen sich die Beteiligten »um ihres Wesens willen lieben«. Aristoteles kommt zu folgendem Schluss: »Nun sind aber Menschen, die dem Freunde um des Freundes willen das Gute wünschen, die echtesten Freunde: Denn sie sind es nicht im akzidentellen Sinn, sondern weil jeder des anderen Wesensart liebt.«

In der Antike zogen Menschen noch nicht aus beruflichen oder amourösen Gründen in die Provinz und ließen Freunde zurück. Die Menschen lebten in der überschaubaren Polis und nicht in einem globalen Dorf. Und doch haben sich die Ansprüche an gute Freunde kaum verändert: Sie sollen sich in wechselseitiger Anerkennung ihres Wesens respektieren und schätzen. Der Leipziger Philosoph Klaus-Dieter Eichler wählt einen zeitgemäßeren Begriff dafür: Authentizität. »Menschen, die Freundschaften schließen, gehen von der Annahme aus, dass der andere sich in dieser Beziehung authentisch verhält. Nichtauthentisches Verhalten demonstriert der ›falsche Freund‹.« Dieses weitgehend unverstellte Verhalten führt dazu, dass der gute Freund als einzigartiges und somit nicht ersetzbares

Individuum erlebt werden kann. Doch diese Einzigartigkeit ist nicht immer leicht zu ertragen. Niemand weiß das besser als das Hündchen Odie, das sein Leben mit dem Kater Garfield teilt – oder teilen muss. Garfield setzt alles daran, das schlabbernde Hündchen in seinem Revier loszuwerden. Weil das nicht klappt, macht er Odie zumindest das Leben so schwer, wie es ein Kater für einen zutraulichen Hund nur machen kann. Obwohl sich keiner der beiden ändert, werden sie in der alltäglichen Gewohnheit zu Freunden, die sich diverse Male sogar in den Armen liegen.

Wie weit darf authentisches Verhalten also gehen? Wann fangen die Macken an, wo hören die tolerierbaren Eigenschaften auf?

Einer meiner guten Freunde schreibt zum Beispiel keine Mail oder SMS mit einer Anrede. Der Inhalt beläuft sich auf maximal fünf Sätze, selbst wenn man sich jahrelang nicht gesehen hat. Obwohl wir uns eine gefühlte Ewigkeit kennen und schätzen, habe ich dafür immer noch kein wirkliches Verständnis. Eine etwas vertrautere Ansprache müsste doch drin sein? Wir sind trotzdem gut befreundet.

Ein anderer schafft es, aus einem Glas, das minimal schlechter eingeschenkt ist als die anderen am Tisch, eine Verschwörung gegen sich herzuleiten. Oft ist das lustig. Manchmal strengt es alle Anwesenden, vor allem aber die guten Freunde, sehr an. Wie soll man bitte erklären, dass nicht alle Indizien gegen sich verwendbar sind, wenn jemand das nicht einsehen möchte? Dafür zählt dieser Freund zu den wenigen, die man wirklich zu den meisten Tages- und Nachtzeiten erreichen kann. Der einspringt und schon mal seine Tages- oder Nachtplanung spontan ändert, wenn einer aus seinem Freundeskreis unglücklich ist.

Ich persönlich habe in meiner intensiven Raucherzeit einmal mehr oder weniger eindrücklich durchblicken lassen, dass ich in der Wohnung meiner guten Freundin weiterhin rauchen möchte – obwohl sie seit einiger Zeit aufgehört hatte. Sie lachte nur und meinte: »Aber klar, fühl dich hier weiter wie zu Hause.« Heute finde ich mich unmöglich dafür. Andererseits: Ich schicke Raucherfreunde immer mit einem schlechten Gewissen auf den Balkon; irgendwie gehört die Zigarette samt der anhängigen Suchtstruktur ja zu ihnen. Oder nicht?

Die Antwort auf das moralische Dilemma, so unbefriedigend sie auch sein mag, ist einfach: Die Grenze zwischen Übergriffigkeit und Fürsorge, zwischen Egozentrik und Individualismus lässt sich nicht objektiv bestimmen. Es gibt moralische Eckpfeiler. Aber sie lassen einiges zu. Wo die Grenzen liegen, müssen alle Freundespaare für sich selbst herausfinden. Ernie und Bert aus der *Sesamstraße* führen in einer Folge wundervoll vor Augen, wie konfliktreich dieses Aushandeln sein kann – und wie viel Toleranz eine moderne Freundschaft somit auch den Beteiligten abverlangt. Ernie testet auf seine Art, wie gut die beiden befreundet sind.

Zunächst geben beide an, sie seien beste Freunde. Dann legt Ernie die Latte etwas höher: »Wärst du auch mein Freund, wenn ich Obst auf dem Hut hätte, rumspränge wie ein Flummi und sagen würde: Stampfkartoffel, Stampfkartoffel, Stampfkartoffel?« Bert wägt ab, nimmt das alberne, unruhige Gehopse in Kauf und bestätigt die Freundschaft, mit einer Einschränkung: »Allerdings würde ich dich noch mehr mögen, wenn du es nicht tätest.« Ernie kann sehr gut damit leben – und setzt einen Hut mit einem Fisch auf, macht einen Stepptanz und sagt in Endlosschleife: »Hibbeldihoppeldi, hibbeldihoppeldi, hibbeldihoppeldi.« Soweit bekannt ist, bleiben die beiden gute Freunde.

Wir wollen individuell selbstbestimmt Entscheidungen treffen, wir wollen so sein dürfen, wie wir sein wollen. Wir leben aber nicht alleine, sondern in einer Gesellschaft mit vielen anderen Menschen, die individuell sind. Wir halten Freundschaftsbeziehungen für erstrebenswert, können sie jedoch nicht nach starren Regeln leben. Jede Freundschaft kennt ihre eigenen Rituale. Wir haben unsere eigenen Sorgen, wollen diese aber mit Freunden teilen und umgekehrt deren Sorgen nicht übergehen. Daraus ergibt sich eine Schwierigkeit: Die Gegenseitigkeit muss immer wieder hergestellt werden. Am dauerhaftesten gelingt dies in der Einschätzung von Eichler, »wo der Spielraum zwischen Nähe und Distanz die Freunde frei sein lässt von der einseitigen Okkupation des einen durch den anderen«.

Dieser Spielraum ergibt sich nicht von selbst. Der Philosoph Wilhelm Schmid weist darauf hin, dass sich Freundschaft nicht erzwingen lässt, sondern nur erarbeiten. Gelinge dies, warte auf die befreundeten Menschen ein wichtiges Sinnerlebnis. Denn die gute Freundschaft umfasst nach Schmidt auch Schmerzliches und Unangenehmes. »Auch schwierige Zeiten sorgen für eine starke Erfahrung von Sinn, weil sich erst jetzt der Zusammenhalt bewährt«, so Schmid.

Manchen ist die Mühe dieser zwischenmenschlichen

»Arbeit« zu groß. Ich kann das gut verstehen. Auch mir haben schon die Geduld und die Kraft gefehlt, um schwierige Zeiten in guten Freundschaften auszuhalten. Manchmal ist es leichter, aus der guten eine ehemals gute Freundschaft werden zu lassen. Man trägt sich nichts nach, aber den anderen auch nicht mehr im Herzen. Im Kern gehört auch dies zum Angebot, das Freundschaften einem machen: Nähe mit der Freiheit, wieder Distanz einzurichten.

Zum Problem wird in unseren Zeiten ein Umstand, auf den wir selbst nur bedingt Einfluss haben: Diese guten Freundschaften brauchen Zeit. Sie müssen sich entwickeln können. Vielleicht nicht ein Leben lang, aber doch über mehrere Lebensabschnitte hinweg. Mit jedem Umzug, Arbeitsplatzwechsel, neuem Partner oder Kind steigt die Wahrscheinlichkeit, dass auch das Verhältnis zum sonst so einzigartigen Freund leidet. Knigges Einschätzung, dass jeder drei gute Freunde brauche, um glücklich zu sein, muss deshalb nicht als überholt gelten. In vielen Fällen begleiten uns nicht dieselben drei Personen als gute Freunde durchs Leben. Manche bleiben. Andere waren es für einen Abschnitt und werden dann »ziemlich beste Freunde«. Und auch die sollte keiner unterschätzen.

Ziemlich beste Freunde

Das pragmatische Ideal im digitalen Alltag

Eine Nacht in Paris. Auf der Seine spiegeln sich die Lichter der Straßenlaternen. Ein dunkelhäutiger Mann namens Driss schiebt einen Rollstuhl, in dem ein hellhäutiger Mann namens Philippe mit Mütze und Wolldecke sitzt. Philippe atmet tief ein und aus, wirkt befreit. Die beiden unterhalten sich.

DRISS: »Genau das wollte ich Sie fragen in Bezug auf die Frauen: Können Sie noch? Können Sie, oder wie läuft das?«

PHILIPPE: »Man muss sich anpassen.«

DRISS: »Ja, aber ganz konkret: Können Sie, oder können Sie nicht?«

PHILIPPE: »Ganz konkret, ich weiß nicht, ob Sie auf dem Laufenden sind, ich spüre nichts vom Hals bis in die Zehenspitzen.«

DRISS: »Also können Sie nicht.«

PHILIPPE (*seufzt*): »Das ist etwas komplizierter, sagen wir mal, ich kann, aber ich entscheide das nicht immer selbst. Man kann auch auf andere Art Lust empfinden.«

DRISS: »Ach wirklich?«

PHILIPPE: »Können Sie sich das nicht vorstellen?«

DRISS: »Nein, kann ich mir nicht vorstellen, wie zum Beispiel?«

PHILIPPE: »Zum Beispiel mit den Ohren.«

DRISS (*bleibt stehen*): »Wie, mit den Ohren?«

PHILIPPE: »Sie wissen, das ist eine besonders erogene, sehr empfindliche Zone an den Ohren.«

DRISS: »Ihr Ding ist es also, sich an den Ohren lecken zu lassen.« (*Er lacht laut.*) »Hätte ich nicht gedacht!«

Philippe, der vom Hals an querschnittgelähmte Millionär, und Driss, der vorbestrafte Junge aus der Banlieue, sind ziemlich beste Freunde. Jedenfalls werden sie in der deutschen Fassung des gleichnamigen Films, der zum Überraschungserfolg des Jahres 2012 wurde, so bezeichnet. Im französischen Original ist interessanterweise im Filmtitel von Freundschaft keine Rede. Dort heißt der Film *Intouchables*, er bezeichnet die beiden also als die »Unberührbaren«. Im Fall von Philippe trifft das auf den größten Teil seines Körpers zu, bei beiden jedoch auch seelisch. Der gesellschaftliche Außenseiter und der sozial von vielen Aktivitäten ausgeschlossene Millionär mit Handicap lassen so schnell niemanden mehr an sich heran.

Von den vielen Momenten und Gesten im Film, in denen Sympathie statt politisch korrektes Mitleid zwischen den beiden aufblitzt, ist jene Szene mit dem nächtlichen Spaziergang an der Seine eine der berührendsten – für beide. Kurz zuvor hatte Philippe seinen Pfleger Driss geweckt, weil er laut hyperventilierte. Wie so oft hatten ihn

Phantomschmerzen gequält. Driss schafft ihn kurzerhand nach draußen an die frische Luft und schiebt ihn durch die Nacht. Während ihrer Spazierfahrt werden sie zu jenen ziemlich besten Freunden, die der deutsche Titel aus ihnen macht. Nicht die Hilflosigkeit des einen und die Mittellosigkeit des anderen schweißen die beiden zusammen. Es ist ein vertrautes Gespräch. Über Bedürfnisse. Über Sex. Über Potenzprobleme. Nicht nur, aber auch bei körperlich versehrten Menschen ist das oft genug noch ein Tabu.

Die beiden haben zu diesem Zeitpunkt schon einige intime Situationen hinter sich gebracht, die nicht einfach waren. So weigert sich Driss am Anfang vehement, aber erfolglos dagegen, die Kotbeutel von Philippe zu wechseln. Einem anderen, fremden Mann den Hintern zu putzen geht eindeutig gegen das Ehrgefühl seines Milieu- und Kulturkreises. Über Sex zu sprechen bereitet ihm weniger Probleme. Über Potenz noch weniger, soweit es seine eigene, vorhandene betrifft. Das sieht bei Philippe, dem reservierten Mitglied der gebildeten High Society Frankreichs anders aus. Im Laufe der Geschichte überschreiten beide ihre Grenzen – sie entwickeln Vertrauen zueinander.

Es ist kein Zufall, dass wir heute Vertrauen an erster Stelle nennen, wenn wir unsere guten Freundschaften beschreiben. Oftmals zählt es noch mehr als der Wunsch, dass uns die Freunde in der Not helfen sollen. Im Unterschied zu dem Ideal der besten Freundschaft, die absolute Seelenvertrautheit voraussetzt, geht es im modernen Alltag um eine andere Form des Vertrauens. Der Soziologe Georg Simmel beschreibt es mit einem neuen Kriterium: dem Geheimnis.

Damit grenzte er Bekanntschaft von Freundschaft ab: Bekannte haben sich vorgestellt, sie wissen, wer ihr Gegenüber ist. Freunde wissen um die Persönlichkeit des anderen, sie teilen ein Geheimnis. Die Industrialisierung macht zu Simmels Zeit diese neuartige Unterscheidung erforderlich. Anfang des 19. Jahrhunderts lebten plötzlich fremde Menschen in Städten und kleineren urbanen Ansiedlungen auf sehr engem Raum zusammen. Niemand konnte mit allen ein vertrautes Verhältnis pflegen. Gleichzeitig konnte sich niemand völlig von allen anderen distanzieren.

Für viele Großstadtmenschen mag es heute selbstverständlich sein, in Bussen und U-Bahnen mit fremden Menschen Arm an Arm zu stehen und manchmal sogar den Atem des anderen zu spüren. Damals bedeutete es eine Revolution des Soziallebens. Ähnliche Umbrüche erleben die modernen Menschen in den U-Bahnen und Bussen wieder, seit eine neue Technik die Gesellschaft revolutioniert: Auf die Industrialisierung folgt die Digitalisierung. Während die Menschen Arm an Arm durch die Städte fahren, tippen sie nun Texte in ihre Smartphones oder kleine Computer. Nicht selten verraten diese Texte auch Intimes, Vertrautes. Der Prozess, den Simmel damals für das frühe 19. Jahrhundert beschrieben hat, ist noch längst nicht beendet.

Der Soziologe geht davon aus, dass Freundschaft neben dem romantischen Liebesmodell eine der Beziehungsformen darstellt, in der moderne Menschen nicht nur eine bestimmte Funktion und Rolle, sondern ihre ganze Persönlichkeit ausleben können. Wo Individuen aufeinandertreffen, kann dies allerdings schwierig werden. Simmel erkennt »die volle Gegenseitigkeit des Verständnisses« als Hauptproblem moderner Freundschaften.

In der Folge balanciert der moderne Mensch stetig aus, wie viel er von sich offenbart, wem er sich öffnet und womit. Das Geheimnis begreift Simmel daher nicht nur als intimes Bindeglied zwischen Freunden, sondern als soziale Technik, die die eigene Persönlichkeit zugleich schützen soll. Wem erzähle ich was? Müssen alle Freunde alle Geheimnisse kennen, oder sind Freunde dennoch gute Freunde, selbst wenn sie ein Geheimnis nicht teilen? Vielleicht schützen sie den Freund ja gerade dadurch, dass sie ihm nicht alles zumuten?

Machen wir einen einfachen Test:

- Wem haben Sie schon einmal erzählt, wie es gerade um Ihr Sexleben steht? Ob Ihnen etwas fehlt, ob Sie zufrieden sind, ob Sie eine Affäre haben oder sich eine wünschen?
- Wem haben Sie gestanden, dass Sie etwas haben mitgehen lassen? Keinen Diamantring, aber vielleicht ja ein hübsches Glas in einem netten Café, das mal eben schwupps in Ihrer Tasche verschwunden war?
- Wem haben Sie erzählt, dass Sie Ihr Kind gegen alle Erziehungsvorsätze angeschrien oder ihm sogar einen Klaps auf den Hintern gegeben haben?
- Wer weiß, dass Ihr Konto im Minus ist oder es einmal ganz tief war?
- Wem haben Sie erzählt oder würden Sie erzählen, dass Sie eine Psychotherapie machen?
- Wer durfte mithören, als Sie eben am Telefon behauptet haben, dass Ihnen ein wichtiger Termin dazwischen-

gekommen wäre und Sie das Treffen leider verschieben müssten, woraufhin Sie einen Kaffee zur Entspannung trinken gingen?

- Wer weiß, dass Sie Ihre Dissertation nicht ganz alleine geschrieben haben?
- Wer hat Sie jemals so betrunken erlebt, dass Sie Körperflüssigkeiten an nicht für sie vorgesehenen Orten hinterlassen haben? Wer hat Sie dennoch nach Hause begleitet und sich nicht distanziert? Wer spricht auch weiterhin mit Ihnen?
- Wem haben Sie von einer unangenehmen Operation erzählt und in Kauf genommen, dass Sie die Person anschließend im Krankenhaus besuchen und in desolatem Zustand erleben wird?

Wenn ich ehrlich bin, kann ich nicht hinter alle Fragen einen Namen setzen. Und das liegt nicht daran, dass ich keinen Doktortitel besitze. Ebenso wenig liegt es daran, dass ich keinem Freund Intimes anvertrauen will. Es ist eine schwierige Balance. Nicht selten kann ein mitgeteiltes Geheimnis eine Freundschaft – die vielleicht auch nur eine gute Bekanntschaft war – auch belasten. Mit wem ich welches Geheimnis teile, folgt einer meist unbewussten Bauchentscheidung, die für moderne Menschen jedoch überlebenswichtig ist. In der Folge unterscheiden wir nicht mehr nur die drei verschiedenen Arten der Freundschaft, die Nutz-, die Lust- und die Tugendfreunde, wie sie Aristoteles beschrieben hat. Simmel fügt dem die »differenzierten« Freundschaften hinzu.

Sie lösen das Dilemma der Diskretion und der Vertrautheit anders. Sie fordern nicht mehr, dass »die Freunde gegenseitig in die Interessen- und Gefühlsgebiete hineinsehen, die nun einmal nicht in die Beziehung eingeschlossen sind und deren Berührung die Grenze des gegenseitigen Verstehens schmerzlich fühlbar machen würde«, so Simmel. Sie sind trotzdem immer ganzheitlich gedacht im Sinne der eigenen und anderen Persönlichkeit. Anonyme Internet-Bekanntschaften mögen demnach freundschaftliche Kontakte sein, sie sind noch lange keine Freunde, da man sich nicht von Angesicht zu Angesicht kennt. Manche Personen machen bereits aus ihrer Identität ein Geheimnis. Freunde jedoch, die nicht wissen, was ich online jemandem anonym von mir erzählt habe, können selbstverständlich meine Freunde sein. Sogar gute Freunde. Mit ihnen teile ich eventuell andere intime Dinge.

Intimität entsteht in unserer modernen Gesellschaft über den therapeutischen Diskurs. Er hat, wie die Soziologin Eva Illouz durchaus kritisch anmerkt, alle Lebensbereiche erobert. Intimität entsteht also über Kommunikation und den Austausch schambehafteter Dinge. Sie entsteht dort, wo die Bühne der Selbstdarstellung, ob nun im Netz oder im analogen Alltag, verlassen wird und die Performance eine nachrangige Rolle spielt. Sei es für einen längeren Lebensabschnitt oder einen kurzen Augenblick. Ziemlich beste Freunde werden sich immer wieder phasenweise aus den Augen verlieren.

Unter meinem Listenpunkt »Freunde« verbergen sich in diesem Sinne viele differenzierte Freundeskreise: Mann-Freunde und beste Freundinnen. Ziemlich beste Freunde, kollegiale oder nachbarschaftliche Freunde und Freundinnen, befreundete Paare. Zu vielen dieser Menschen halte ich den Kontakt auch auf digitalem Weg: über Mails, Chats, über Profile auf sozialen Netzwerken wie Facebook und Twitter. Manche kenne ich sogar ausschließlich aus dem virtuellen Raum und treffe sie nur dort. Sie alle haben einen festen Platz in meinem Alltag. Sie alle tragen dazu bei, dass es in diesem Alltag glückliche Momente gibt – wenn auch auf ganz unterschiedliche Weise.

Mit einem Umzug nach Hamburg würde ich selbstverständlich nicht alle gleich aufgeben. Schon gar nicht die virtuellen Kontakte. Dennoch ist die Stadt Berlin zu einer Art Knotenpunkt all dieser Freundeskreise geworden. Gute Freunde von früher leben mittlerweile in der Stadt. Ziemlich beste Freunde aus verschiedenen Lebensabschnitten sind hiergeblieben. Vielleicht handelt es sich um das psychologische Phänomen der Nähe, vor allem der gefühlten Nähe, die uns alle verbindet. Auch wenn der Weg quer durch die Großstadt in einen anderen Kiez oft genauso lange dauert wie von einer Stadt in eine andere, so benötigt man von Pankow nach Charlottenburg eben doch keinen ICE. Zwischen den Treffen garantiert das Internet den täglichen Kontakt – stets begleitet von der Gewissheit, sich jederzeit auch physisch sehen zu können.

Facebook-Freunde

Globamigos unter sich: Die Realität in den Nullerjahren

An einem Tag in einem Monat in meinem Leben. Zu verschiedenen Uhrzeiten. In einem Raum, in dem eine nie enden werdende weiße Pinnwand bereitsteht, auf der Menschen ihre Mitteilungen hinterlassen. Menschen? Nicht irgendwelche selbstverständlich, sondern Freunde. Meine Freunde.

Morgens, Ostdeutschland:
Foto: Ein Mann mit Atemschutzmaske. Text: Kampf dem Schimmel!

Mittags, Westdeutschland:
Liebe Leute von DHL,
bitte rückt meinen Koffer heraus, den ihr seit Anfang Januar in einem sogenannten Logistikzentrum bunkert. Es tröstet mich nicht, wenn eure Callcenteragenten mir sagen, dass ihr keine Laufzeitgarantie gebt und 85 Prozent aller Pakete, denen man nachforscht, irgendwann auftauchen. Was passiert mit den anderen 15 Prozent?

Nach-Lunch-Zeit, Norddeutschland:
Fragen des Alltags, Teil 2: Darf ich einen Bugaboo durch Treptow-Köpenick schieben, auch wenn es nur ein Prenzlauer-Berg-Accessoire ist?

Spätnachts, England:
I like Saturdays: slept in, cleaned the apartment, went swimming with my kids, inspiring meeting with a great photographer about future projects, Sauna, dinner at Sasaya with my wife.

Vormittags, Argentinien:
Was macht man nur, wenn man von seiner Nachbarin (putzige Omi) nach nur 4 Stunden Schlaf durch kontinuierliches Schreien aufgeweckt wird à la: Mate, trink deinen Mate! Mate, Mate, Mate! :)

Um ehrlich zu sein: Ich weiß es auch nicht so genau, was man da macht. Es klingt nach keiner sehr angenehmen Situation. Ich habe mich dennoch gefreut, als ich die Zeilen dieser Freundin an ihrer Pinnwand auf Facebook gelesen hatte. Sie war gerade für längere Zeit verreist und ließ den Freundeskreis über Mitteilungen und Fotos im digitalen sozialen Netzwerk von Zeit zu Zeit daran teilhaben. Wer sie kennt, weiß, dass die vier Stunden Schlaf weniger der putzigen Omi geschuldet waren als einer exzessiven Party in der Nacht zuvor.

Ich überlegte nicht lange und klickte auf den hochgestreckten Daumen unter der Mitteilung – er symbolisiert die Aussage »Gefällt mir«.

Schimmel und DHL-Logistikprobleme sind weniger erfreuliche Updates aus dem Leben zweier anderer Freunde, aber man lässt Freunde eben nicht nur an den Hochglanzseiten des Lebens teilhaben. Ich klickte ebenfalls auf »Gefällt mir« unter ihren Posts, als ich sie gelesen hatte. Selbstverständlich finde ich nicht den Schimmel toll oder chaotische Logistikzentren. Vielmehr wollte ich Anteilnahme signalisieren. Aufmunternde Worte oder – immer besser – eine Pointe zur Situation fielen mir gerade nicht ein.

Spätestens jetzt fragt sich wohl so mancher, was denn das für Freundschaften sein mögen, die im Wesentlichen darin bestehen, Belanglosigkeiten und Befindlichkeiten mitzuteilen? Dieses Posten und Kommentieren folgt in Wahrheit doch nur einem Zweck: der oberflächlichen Selbstdarstellung! Und das alles in einer vermeintlichen Privatsphäre, die in Wirklichkeit von Geheimdiensten abgehört wird.

Diese Skepsis gegenüber den digitalen sozialen Netzwerken wie Facebook, Google+, Instagram oder neuerdings Pinterest teilen ziemlich viele Menschen – oftmals sogar wenn sie selbst Mitglied in einem sind. Als ein Bekannter neulich auf seinen rasanten Zuwachs an Leuten in seinem Facebook-Freundeskreis angesprochen wurde, entgegnete er empört: »Aber das sind doch keine echten Freunde!« Er erweckte den Eindruck, als wollte er sich eines traditionellen Verdachts erwehren: Wer so viele »Freunde« hat, muss ein oberflächlicher Selbstdarsteller sein, denn niemand kann tausend tiefe Freundschaften pflegen. Wer so viele Freunde ansammelt und ausweist, muss gleichgültig sein hinsichtlich der Qualität seiner Beziehungen, denn niemand kennt so viele Menschen, die er mag und die ihn *wirklich* mögen. So einer entspricht auf keinen Fall unserem alten Freundschaftsideal.

Wahr ist bei aller Skepsis jedoch auch, dass die Zahl der online vernetzten Personen kontinuierlich wächst. Alleine Facebook registrierte Mitte Juni 2013 weltweit über eine Milliarde Nutzer. Genaue Mitgliederzahlen veröffentlicht das Unternehmen nicht, zum Teil lässt sich auch schwer beurteilen, ob ein User mehrere sogenannte Profile angelegt hat, was technisch möglich ist. Speziell in Deutschland nutzten Mitte 2013 immerhin 26 Millionen das Netzwerk aktiv (Quelle: allfacebook.de/userdata). Vor allem Jugendliche im Alter zwischen zwölf und 19 Jahren leben und verwalten ihre Freundschaften ganz selbstverständlich auf Facebook: Laut *Spiegel* waren das im Jahr 2011 bereits 72 Prozent. Das ist so gesehen die soziale Zukunft. Was suchen sie alle dort?

Zunächst vernetzen sie sich in virtuellen Räumen wie Facebook, indem sie einer anderen Person eine sogenannte Freundschaftsanfrage schicken. Wird sie bestätigt, beruht die digitale Beziehung auf Gegenseitigkeit. Facebook nennt sie nun Freunde. Beide haben nun Einsicht auf die jeweiligen Pinnwände des anderen, können sich E-Mails schicken, auf Veranstaltungen oder Partys einladen und Musik oder andere Kultur- und Konsumgüter empfehlen. Wer mehr als 5000 dieser Freunde angesammelt hat, muss eine Fan-Page eröffnen, die anderen Mitgliedern keine Freundschaftsanfragen mehr erlaubt, sondern nur noch die Sympathiebekundung per »Gefällt mir«-Button.

Die Anzahl an Freundschaften, die Nutzer auf Facebook durchschnittlich schließen, liegt allerdings weit darunter. Es sind nur um die 130. Stellt man sich die allerdings alle in einem realen Raum versammelt vor, bräuchte man auch dafür bereits eine kleine Halle. Mit allen in Dialog zu treten und dabei den Überblick zu behalten wäre eine Überforderung. Im virtuellen Raum bringt es den meisten spielerischen Gewinn. Auch mir, obwohl ich das anfangs nicht vermutet hätte.

Vor sechs Jahren habe ich mich bei Facebook registriert. Meine ersten Freundschaftsanfragen stellte ich nach einem beruflichen Aufenthalt in London. Ich verbrachte drei Monate in der Redaktion der englischen Zeitung *The Guardian* und lernte dort nicht nur viele neue Kollegen kennen, sondern auch ein mir bis dahin völlig unbekanntes Ding namens »Facebook«.

Zu Beginn meines Aufenthalts durfte ich einer kleineren Beilagenredaktion über die Schultern sehen. Klein hieß: vier Leute. Sie arbeiteten in einem riesigen Raum inmitten von PR- und Marketing-Kollegen an einem monatlichen Magazin für Verwaltungseinrichtungen und Behörden. Sie saßen sich an drei zusammengestellten Tischen gegenüber und wirkten etwas verloren: Mike, der Grafiker. Tom, der Chef. Anne und Rebecca, die beiden Redakteurinnen. Ich fand zwischen Chef und Anne einen Platz. Wenn ich vom Bildschirm aufblickte, sah ich direkt in das Gesicht von Mike, der breit grinste. »Servuus, wie geiht's?«, rief er dann auf deutsch. Im Anschluss testete er mit einem Witz meinen Humor, der nach dem Klischee ja nicht vorhanden sein konnte.

Eines Tages rief er mir keine Pointe zu, sondern eine Frage: »Hey, sehen wir uns am Samstag zur Party?« Ich war verunsichert und suchte gedanklich bereits nach einem Witz. Da schaltete sich Anne ins Gespräch ein: »Ich feiere Geburtstag, wenn du magst, dann komm auch gerne! Ich habe eben die Einladung auf Facebook gepostet, aber dein Profil nicht gefunden…«, fügte sie hinzu. »Face-Was?«, fragte ich perplex und vergaß völlig, mich zu bedanken.

Tja. Wie bei allen Internet-Entwicklungen lag auch Deutschland bei der Nutzung sozialer Netzwerke lange zurück. 2008 erschienen im *Guardian* bereits seitenlange kritische Texte über Facebook und seinen mangelnden Schutz der Privatsphäre. Hierzulande tummelten sich nur einige wenige in den Communities von Intro oder von jetzt.de, etwas später dann in MySpace. Niemand war im globalen Netz von Facebook, das Harvardstudent Mark Zuckerberg 2004 in den USA gegründet hatte. Als ich mich im Frühjahr 2008 dort registrierte, hatte ich lange Zeit an einer Hand abzählbare Freunde: Mike und die anderen Kolleginnen aus London. Suchanfragen nach Bekannten und Freunden aus Deutschland liefen ins Leere.

Mit Sicherheit mag das auch an den technischen Rahmenbedingungen gelegen haben. So lange ist es noch nicht her, dass in Deutschland Glasfaserleitungen gelegt wurden. Bis heute gibt es in manchen Gegenden gar kein Internet, zumindest keines, das so schnell wäre, um seine Zeit in Netzwerken zu verbringen. Dazu kommt die bereits erwähnte deutsche Skepsis, wenigstens aber Reserviertheit gegenüber Netzwerken dieser Art. Das sind doch keine Freunde, auf die man sich verlassen kann, denen man sich ganz öffnen und vertrauen kann! Bei einer Allensbach-Umfrage aus dem Jahr 2010, in der gut 2000 Personen ab dem Alter von 14 Jahren befragt wurden, äußerten sich mehr als zwei Drittel kritisch.

Eine der Fragen lautete: »Glauben Sie, dass Freundschaften, die man über das Internet schließt oder pflegt, genauso tiefgreifend sein können wie Freundschaften mit jemandem, den man persönlich kennt?«

73 Prozent antworteten mit Nein.

Die Netzwerkforscher Nicholas Christakis und James Fowler sind der Frage mithilfe einer Studie an einer US-amerikanischen Universität nachgegangen. Sie untersuchten auf den Facebook-Profilen aller Studierender, bei wie vielen Kontakten es sich um enge Freunde handelte. Sie gingen dabei von den Fotos aus, die Studierende von ihren Freunden auf den eigenen Pinnwänden posteten, und werteten das als Zeichen einer vertrauteren Beziehung. Ihr Ergebnis: Im Durchschnitt waren die Studierenden unabhängig von der Anzahl der restlichen Kontakte mit 6,6 Leuten aus ihrem Facebook-Freundeskreis eng befreundet.

Die Zahl klingt plausibel. Im nichtvirtuellen Leben geben Menschen meist eine ähnliche Anzahl an engen Freunden an. Eine Umfrage von Infratest im Jahr 2008 ergab ein etwas niedrigeres Ergebnis: Gut 19 Prozent gaben an, zwei enge Freunde zu haben. Etwa 17 Prozent nannten die Zahl drei. In digitalen Netzwerken übersteigt die Anzahl der Freundes-Kontakte diese Werte trotzdem bei Weitem. Das muss nun kein Widerspruch sein. Die Mitglieder der Communities ziehen einen anderen Gewinn aus diesen flüchtigeren Freundschaften.

Christakis, ursprünglich Mediziner und Soziologe, hat sich gemeinsam mit dem Politikwissenschaftler Fowler auf digitale Freundschaftsformen spezialisiert. Als Netzwerkforscher interessieren sich die beiden für die Art und Weise, wie sich Individuen zu Gruppen zusammenschließen und welche Motive sie dazu veranlassen. Im Umkehrschluss untersuchen sie, welche Auswirkungen dies für die Gesellschaft hat.

Umgangssprachlich hat sich der Begriff »soziales Netzwerk« für digitale Portale etabliert. Christakis und Fowler fassen den Begriff allgemeiner als »eine organisierte Gruppe von Menschen«, die in einer bestimmten Beziehung zueinander stehen. Facebook etwa verstehen sie als eines dieser Netzwerke, in dem die unterschiedlichsten Leute interagieren. Das können Nachbarn sein, Verwandte oder enge Freunde. Aber auch Menschen, die sich nur in der digitalen Welt kennen. Die Wissenschaftler treibt dabei die Frage um, was über diese Beziehung weitergegeben wird. Der Titel ihres Buchs *Connected. Die Macht sozialer Netzwerke und warum Glück ansteckend ist* gibt bereits einen Hinweis auf ihre Antwort: »Über soziale Netzwerke verbreiten sich Glück, Großzügigkeit und Liebe.« Etwas weniger pathetisch ausgedrückt: Menschen profitieren für ihr Wohlbefinden, psychologisch, aber auch biologisch.

Verhaltensforscher der Duke University in North Carolina haben in einer Studie mit gut hundert Rhesusaffen einen erstaunlichen Zusammenhang entdeckt, der sich auf Menschen übertragen lässt. Über einen Zeitraum von zwei Jahren beobachteten sie auf Cayo Santiago Island das Freundschaftsverhalten unter den Tieren und kamen zu dem Ergebnis, dass Affen mit vielen engen Freunden und weitläufigen Bekannten länger leben. Überdies hatten nicht nur die Nachkommen dieser Tiere eine höhere Überlebenschance, sie waren auch geselliger als andere Affen.

Auch in den digitalen Netzwerken suchen Menschen Geselligkeit. Sie findet dort in einer neuartigen Form statt. »Online-Communities erweitern den Begriff der Freundschaft und definieren ihn neu«, stellen Christakis und Fowler fest. Gleichzeitig erleichtern sie die Pflege der Beziehungen. Im Unterschied zum analogen Freundeskreis verlaufen unsere Beziehungen in der Online-Welt nicht mehr linear. Digitale Netzwerke ermöglichen es uns, auch die Freunde unserer Freunde in den Blick zu nehmen. Manchmal stoßen wir auch auf alte, längst vergessene Bekannte. Auf diese Weise sind wir mit unseren Mitmenschen stärker verbunden als noch vor 20 Jahren.

Unsere Freundeskreise stellen keine sprichwörtlichen Kreise mehr dar, die streng mit einem Zirkel gezogen wurden. Sie setzen sich aus vielen kleinen und größeren Blasen zusammen, die von einer durchlässigen Membran begrenzt werden. Freunde kommen und gehen. Aus dem Kollegen kann ein enger Freund werden. Und umgekehrt. Alte Schul- und Jugendfreunde haben sich als einer von vielen Freundeskreisen vom Mittelpunkt des Alltagslebens an den Rand verschoben, manchmal kehren Einzelne aus dem Kreis wieder zurück ins Mittelfeld, mit einem Besuch oder einem Umzug in die Stadt, in der man lebt.

Die digitalen Netzwerke bilden diese Struktur mittlerweile ab. Jeder neue Kontakt lässt sich bestimmten Kreisen zuordnen: den Bekannten, den Kollegen, der Familie und anderen. Bei jedem Post lässt sich aufs Neue einstellen, welche Personen sie einsehen können. Oftmals finden sich »Freunde« auch in mehreren Kreisen wieder. Die Familienmitglieder können Kollegen sein. Die ehemaligen Partner oder Geschwister ebenfalls Freunde.

Anders als Generationen vor uns teilen wir mit unseren Geschwistern heute mehr als die Sorge um mögliche Erbschaftsstreitigkeiten oder die Frage, wer mit welchem finanziellen Beitrag künftig für das Pflegeheim der Eltern aufkommen würde. Aus Kollegen, mit denen man sich mittags schon mal über private Dinge unterhält, werden zwar noch keine Freunde, aber es sind mehr als Kollegen, mit denen man für den Arbeitgeber Gewinn erwirtschaften soll. Menschen, die wir jeden Tag sehen, mit denen wir eine freundschaftliche Beziehung in vielerlei Hinsicht haben, zu denen andererseits der Kontakt auch schnell verloren geht, wenn wir nicht mehr mit ihnen zusammenarbeiten. Wir suchen heute nicht mehr ausschließlich bei guten Freunden eine freundschaftliche Beziehung. Das Internet ermöglicht es.

Kurz nach meiner Registrierung auf Facebook waren die meisten in meinem mittelbaren Umfeld dort noch nicht anzutreffen. Doch jedes Mal, wenn ich mich einloggte, geschah bereits damals etwas Ungewohntes: Mit einem Klick saß ich gefühlt wieder im Großraumbüro neben Anne und den anderen, roch die stickige Heizungsluft, hörte Mikes Lachen und war kurz davor, eine Einladung zu einer Veranstaltung anzunehmen, die gerade jemand veröffentlicht hatte. Die Distanz über den Kanal war durch einen digitalen Tunnel auf ein Minimum geschrumpft. Es war schön, den Kontakt nicht sofort wieder zu verlieren und sich alltäglich auszutauschen.

Im Sommer 2010 begleiteten Mike und ich über Facebook die Fußball-WM. Er freute sich sogar ein wenig mit, als die deutsche Mannschaft gegen die englische gewonnen hatte. Im Sommer des darauffolgenden Jahres besuchte Mike Berlin und übernachtete bei uns. Wir tranken deutsches Bier und erinnerten uns gerne an jene Geburtstagsfeier von Anne, auf der wir unser erstes gemeinsames englisches Bier getrunken hatten. Später am Abend, als wir zu Gin und Tonic übergegangen waren, hatte mir Mike stolz Fotos seiner beiden Kinder gezeigt, die er allerdings nur jedes zweite Wochenende sehen konnte. Seine Frau und er ließen sich gerade scheiden. Das vertraute Gefühl von jener Party haben wir uns bewahrt. Dank Facebook oder trotz Facebook? Ich würde sagen: dank.

Nach Mikes Besuch in Berlin hatte ich besser verstanden, wozu dieses »Face-Was?« gut sein könnte. »Connect people with friends«, wie es das Netzwerk selbst als Ziel formuliert, hat seinen Reiz. Auf der deutschen Seite heißt es »Menschen mit ihren Freunden verbinden«. Wenn es gut läuft, bleibt man nicht nur verbunden, sondern fühlt sich auch gegenseitig verbunden. Heute verstehe ich sogar, warum dies auch dann gilt, wenn man nicht geografisch getrennt voneinander lebt, sondern nebeneinander in einem riesigen Großraumbüro arbeitet. Mike und die anderen hätten sich ohne Weiteres immer ansprechen können. Und dennoch luden sie sich über Facebook ein. Dennoch sahen sie in ihren Pausen kurz nach, was sich auf ihren und anderen Pinnwänden so getan hatte. Die Antwort ist ganz einfach: Im virtuellen Raum hatten auch die Freunde der Freunde und andere Bekannte Anteil am Gespräch.

Der Journalist Klaus Raab vergleicht Facebook in seinem Buch *Wir sind online – wo seid ihr?* als riesiges Bierzelt, in dem man zu mehreren auf langen Bänken nebeneinandersitzt und auch mal mit dem Nachbarn neben dem guten Bekannten ein paar Worte wechselt. Man muss es aber auch nicht tun, wenn man keine Lust dazu hat. Anders als ein Bierzelt in der analogen Welt hat dieses virtuelle sogar den Vorteil, 24 Stunden am Tag geöffnet zu sein. Wie wir seit vergangenem Jahr wissen, gibt es den Vorteil leider nicht ohne einen Preis: Niemand kann ausschließen, dass in diesem virtuellen Bierzelt nicht auch Ohren mitlauschen, für die die Gespräche nicht gedacht sind. In der Folge achten die meisten stärker darauf, wie viel Privates sie dort preisgeben wollen. Vermindert haben jedoch auch die Geheimdienstenthüllungen diesen Austausch nicht allzu sehr.

Für unser Leben hat dieser weit größere Auswirkungen, als man zunächst annehmen könnte. Denn alle Freunde innerhalb eines Netzwerkes haben potenziell Einfluss auf unsere Lebensführung, auf unsere Denkweise und auf unser Glücksempfinden. So konnten Christakis und Fowler in einer Langzeitstudie in dem Bostoner Vorort Framingham nachweisen, dass dicke Freunde tendenziell dick machen. Sind sie depressiv oder anderweitig unglücklich, kann sogar das auf unser Empfinden abfärben. Allerdings ist der Einfluss nur dort gegeben, wo sich die Freunde gegenseitig als solche bezeichnen. Ist dies der Fall, und einer der beiden wird etwa krankhaft übergewichtig, verdreifacht sich laut Christakis die Wahrscheinlichkeit, dass auch sein Freund zunehme.

Eine Erklärung dafür liegt auf der Hand: Menschen ahmen von den ersten Tagen ihres Lebens an jene Mitmenschen nach, die sie als Bezugspersonen akzeptieren. Verantwortlich dafür sind sogenannte Spiegelneuronen im Gehirn. Sie lassen unser Gehirn beim Beobachten anderer so aktiv werden, als handelten wir selbst. Die tatsächliche Ausführung der Handlung wird quasi eingeübt. Betritt man den virtuellen Raum, gerät die Möglichkeit der Nachahmung jedoch an ihre Grenzen. Schließlich setzt sie die physische Präsenz eines Gegenübers voraus, die Wahrnehmbarkeit seiner Mimik und Gestik, seiner Körperhaltung, der Stimmlage.

Online wirkt jedoch ein indirekter Einfluss. Digitale soziale Netzwerke haben eine spezielle Dynamik. Innerhalb ihrer Grenzen können sich unter den Gruppenzugehörigen, oftmals auch unbewusst, Normen verschieben. Ändert sich eine Norm, muss das nicht zwangsweise bedeuten, dass die Personen ihr eigenes Verhalten ändern. Aber sie werden unter Umständen einem Verhalten gegenüber toleranter. Wenn zum Beispiel die Mehrheit in einem Netzwerk dicker wird, gilt dies nach einer gewissen Zeit als normal und wird somit eher akzeptiert.

Die beiden Wissenschaftler schätzen den Einfluss der sozialen und regionalen Netzwerke mittlerweile weit höher ein als Ideale, die medial gesetzt und vermittelt werden. Sie zitieren flankierend die Journalistin Ellen Goodman aus dem *Boston Globe*: »Professionelle Magersüchtige wie Calista Flockhart und Victoria Beckham sind ein aussterbendes Ideal. Im wirklichen Leben messen wir uns an unseren Freunden. Zentimeter für Zentimeter.«

Das gilt nicht nur für unser Ernährungsverhalten. Nach Christakis und Fowler beeinflussen unsere Freundeskreise und Communities politische Einstellungen, Kreativität und Ideenfindung sowie ganz allgemein das Glücksempfinden. Persönlich kann ich das in den meisten Fällen bestätigen. Instinktiv würde ich gerade eher von einem DHL-Versand absehen. Ich ertappe mich dabei, mehr zu lüften. Neuerdings würde ich auch gerne mal nach Argentinien reisen – bis vor Kurzem hatte ich ganz vergessen, dass es das Land gibt.

Die Reichweite der gegenseitigen Einflussnahme allerdings ist nicht unendlich. Wie in allen sozialen Netzwerken gilt auch online das Prinzip der drei Schritte: Freunde, die Freunde der Freunde und die Freunde der Freunde unserer Freunde können uns beeinflussen. Denn an der grundlegenden biologischen Kapazität des Menschen, Beziehungen mit anderen einzugehen, hat auch das Internet bisher nichts geändert. Der Evolutionspsychologe Robin Dunbar kam über seine Langzeitbeobachtung von Affen zu dem Schluss, dass das menschliche Gehirn auf den Umgang mit einer Gruppe von etwa 150 Leuten ausgelegt ist. Trotz moderner Kommunikationstechniken scheitern wir daran, bei einer größeren Gruppe den Überblick zu behalten, »mentale Karten« zu erstellen, wie es Christakis und Fowler bezeichnen. Egal ob eng oder lose, Menschen müssen ihre Beziehungen einschätzen können: Sind sie feindselig oder kooperativ?

Aktuell zählt mein Facebook-Account 284 Freunde.

Den spontanen Test, sie alle namentlich aufzuzählen, würde ich nicht bestehen. Aber 30 Namen fallen mir sofort ein. Mit zehn von ihnen tausche ich mich regelmäßig aus. Alle anderen? Gut zu wissen, dass sie erreichbar sind, wenn ich das Bedürfnis habe. Und gut, dass sie sich bei mir melden können, falls sie das Bedürfnis haben. Für sie hat die Sozialpsychologin Ann Elisabeth Auhagen den Begriff »Para-Freunde« geprägt. Die Beziehung mit ihnen geht in der Regel nicht über eine computervermittelte Kommunikation hinaus. Man muss sich nicht persönlich kennen, teilt aber Vorlieben, Interessen, Beruf oder Hobbys. Man tauscht sich aus. Und wer sich länger kennt, spricht mitunter auch in gewissen vertrauten Codes. Gemeint sind damit keine Geheimsprachen, sondern Bezüge auf Ereignisse oder Erlebnisse, die Außenstehende nicht verstehen können.

Studien an US-amerikanischen Colleges Anfang des Jahrtausends haben gezeigt, dass Freundschaften in der Online-Welt in den meisten Fällen über eine thematische Brücke geschlossen werden. Damals boten vor allem sogenannte Newsgroups, zu deutsch Nachrichtengruppen, die Gelegenheit dazu. Deren Mitglieder können zu einem begrenzten Themenbereich Artikel und Nachrichten austauschen. Die beiden US-amerikanischen Kommunikationswissenschaftler Malcolm Parks und Kory Floyd haben Ende der Neunzigerjahre herausgefunden, dass 98 Prozent der Beziehungen, die in Newsgroups aufgebaut wurden, darüber hinaus Bestand hatten. Auhagen beruft sich auf dieses Ergebnis. Wie sie ausführt, wechselten die Studierenden das Setting, schrieben sich Mails oder telefonierten sogar. Manche nahmen an sogenannten Multi-User-Dungeons teil, frühen Computer-Rollenspielen. Ein Drittel der Befragten hatte später sogar persönlichen Kontakt.

In einer Anschlussstudie untersuchte Parks gemeinsam mit der Psychologin Lynne Roberts die weitere Entwicklung dieser Online-Freundschaften und verglich sie mit jenen in der Offline-Welt. Am intimsten, so ihr Ergebnis, blieben nach wie vor jene Freundschaften, die in der Offline-Welt geschlossen und gelebt wurden. Dicht gefolgt waren sie jedoch von den persönlichen Beziehungen, die über interaktive Rollenspiele entstanden waren.

Heute vereinen die digitalen Netzwerke all diese Formen der Kommunikation und ermöglichen sie über Apps und Smartphones zu jeder Zeit unabhängig vom Aufenthaltsort der Personen. Das allzeit verfügbare Internet hat unsere Kommunikationskultur globalisiert und so auch unsere Freundschaften verändert. Viele Wissenschaftler sind davon allerdings nicht begeistert. Sie befürchten einen zunehmenden Beziehungsverlust. Die Interaktion im Cyberspace sei oft oberflächlich, unrealistisch, nicht selten gar feindselig. Vor allem aber lebe man von Avatar zu Avatar nur mehr eine Illusion einer zwischenmenschlichen Beziehung.

Für die US-Psychologin Sherry Turkle nahm die Entwicklung Mitte der Neunzigerjahre eine negative Wendung. Seither interagieren Menschen nicht mehr mit einem Computer, der vor ihnen steht. Sie bewegen sich mittels Maschine in einem riesigen digitalen Portal und stehen mit Tausenden in Verbindung. Für Turkle hat das besorgniserregende Folgen. *Verloren unter 100 Freunden* lautet ihre

Diagnose unserer Zeit. Sie basiert auf Gesprächen mit Kindern und Jugendlichen zwischen fünf und 20 Jahren, den »Digital Natives«, die im und mit dem Netz aufgewachsen sind. Turkle folgert daraus, dass uns allen die seelische Verkümmerung drohe. »Verunsichert in unseren Beziehungen und voller Angst vor zu großer Nähe tauchen wir heute in digitale Welten ein, um Beziehungen zu führen und gleichzeitig vor ihnen sicher zu sein; wir bahnen uns einen Weg durch eine Flut an Kurznachrichten; wir interagieren mit Robotern.«

Viele dieser Algorithmen verstecken sich hinter einem menschlichen Antlitz, hinter Profilfotos und (Spitz-)Namen. Oftmals aber haben die Maschinen selbst menschliche Züge, sie sind touchy, belauschen uns und geben Töne von sich. Manchmal stürzen sie ab. Wie unsere Freunde eben auch. Ein schönes Beispiel für diese Art Freundschaft leben Fry und Bender in der US-Serie »Futurama«. Denn Bender, der Roboter, ist zwar eine Maschine, aber eine, die sich menschlicher verhält, als es selbst dem antriebslosen Fry lieb sein kann: Er raucht, trinkt, geht zu Prostituierten und bestiehlt seine Freunde. Weniger satirisch zugespitzt, aber in diesem Sinne, warnt Turkle vor Beziehungen zu Robotern, die uns nicht mehr als solche gegenübertreten.

Am Beispiel von Facebook, aber auch von in den USA populären Bekenntnis- und Beichtportalen, zeigt Turkle, wie vermeintlich freundschaftliche, vertraute Beziehungen im Internet zu einseitigen Anfragen an eine Maschine verkommen sind. Sie vergleicht das digitale soziale Netzwerk weder mit einem Bierzelt noch mit einer anderen geselligen Party, sondern mit einer Cafeteria. Dort setzten sich ständig Leute zu einem an den virtuellen Tisch oder man selbst sich zu anderen, obwohl niemand einen dazu aufgefordert habe. Eine Gemeinschaft aus lauter ungebetenen Gästen.

Turkle selbst hatte sich auf Facebook zunächst mit dem Vorsatz registriert, nur Personen in ihren Freundeskreis aufzunehmen, die sie bereits kannte. Nach ein paar Wochen nahm sie auch Leute in die Liste auf, die ihre Arbeit schätzten. Es dauerte nicht lange, dann fragte sie Leute aus dem Freundeskreis ihrer Freunde selbst als Freunde an. Zum Beispiel entdeckte sie einen ihrer Lieblingsautoren und wollte mit ihm befreundet sein.

Man kann darin einen Verfall der Beziehungsfähigkeit sehen, ein trauriges Spiel mit Eitelkeiten. Vielleicht handelt es sich aber auch um ein durchaus professionelles Rollenspiel. Dann würde in erster Linie der Lieblingsautor die Freundschaftsanfrage bestätigen, nicht die gesamte Persönlichkeit des Menschen dahinter. Unter den Jugendlichen gilt dies als ein selbstverständliches Prinzip im Netz. »Das ist wie in einem Theaterstück. Man spielt eine Rolle.« So zitiert Turkle selbst einen College-Studenten, der sie davor gewarnt habe, die Seiten von Facebook-Mitgliedern als deren »wahres Ich« zu begreifen.

Wie viel Ich steckt dann noch in den digital vermittelten Beziehungen? Lassen sie Intimität zu? Erwarten das die Beteiligten überhaupt noch? Turkle kommt durchgängig zu negativen Antworten. Sie zieht das Beispiel des Blog-Projekts »Postsecret« heran. Dort können Internetnutzer über Postkarten der Netzöffentlichkeit anonym ein Geheimnis mitteilen. Voraussetzung ist, dass das Geheimnis noch niemand kennen darf. Nachzuprüfen ist das sicherlich nicht. Aber darum geht es den Lesern und Absendern auch nicht. Vielmehr nutzen sie die virtuelle Gemeinschaft, um sich mit therapeutischer Wirkung Dinge von der Seele zu posten.

Auf manchen dieser Beichtseiten können registrierte User per E-Mail die Geständnisse kommentieren. Das Problem dabei besteht nach Turkle darin, dass es bei dieser Form der »Beichte« keinerlei Verpflichtungen und Verantwortungen mehr gebe. Anders als bei einem Bekenntnis gegenüber einem Freund, das mitunter auch Missbilligung auslösen und somit schwerer fallen könne, beichten die Leute anonym mithilfe von »Online-Bots und -agenten«, wie Turkle die technischen digitalen Kommunikationshelfer bezeichnet. Was dabei fehle: Empathie, Rücksicht auf Kränkungen, das Teilen von Gemeinsamkeiten. »Wenn wir einen großen Teil unseres persönlichen Lebens im Internet verbringen, wird solch ein komplexer Austausch von Mitgefühl immer seltener. Wir gewöhnen uns daran, weniger zu bekommen«, so Turkle.

Ich bezweifle nicht, dass es diese Entwicklung geben könnte. Ich kann sie in meinem persönlichen Umfeld jedoch nicht nachvollziehen. Vielleicht liegt es daran, dass ich keine Digital Native bin. Aber so geht es vielen meiner Bekannten und Freunde. Wir haben meist keine großen Probleme, unser Mobiltelefon auszuschalten, ohne uns bei Freunden und Familie dafür rechtfertigen zu müssen. Auch bin ich keinesfalls jeden Tag auf Facebook, ich wüsste gar nicht, wann ich mir die Zeit dafür nehmen sollte. Gebeichtet habe ich nicht mehr, seit ich neun Jahre alt war und dem katholischen Dorfpfarrer hinter seinem Gitterfenster anonym Unkeuschheit gestanden hatte, obwohl ich nicht mal wusste, was das Wort bedeutete. Es stand eben so in der kleinen pinken Anleitung für Erstbeichterinnen, unter Gebot sechs.

Im Blog Postsecret.com sehe ich auch eher das unterhaltsame Kunstprojekt, das es zumindest den eigenen Ansprüchen nach sein will. Der US-amerikanische Künstler Frank Warren hat es 2004 auf einer Ausstellung gezeigt und ab Januar 2005 im Internet fortgesetzt. Seither schicken Menschen weltweit ihre Geheimnisse, Sehnsüchte, schlechten Angewohnheiten und sexuellen Begierden auf einer selbst gestalteten Postkarte per Mail an Warren respektive die internationalen Ableger. Ausgewählte werden auf dem Blog veröffentlicht. Mittlerweile sind auch vier Bücher mit den geheimen Posts erschienen. Man kann darin auch eine spielerische, laienhafte Form des Rollenspiels sehen: das zwischen Patient und Therapeut.

Schwierig kann es allerdings werden, bei all diesen Rollen und immer differenzierteren Freundschaften den Überblick zu behalten. Sie angemessen zu pflegen erfordert einiges an Energie, die wir in unserem modernen Alltag nicht immer aufwenden können. In der Folge wächst auch die Unverbindlichkeit von Zusagen, Verabredungen oder sonstigen Aktivitäten. Das führt nicht gleich zur kulturellen Verwahrlosung. Aber unsere Umgangs- und Höflichkeitsstandards haben sich verändert. Manchmal wird dies auch zur Belastungsprobe für eigentlich gute Freundschaften.

Jana und Vera hätte eine große Unachtsamkeit beinahe die Freundschaft gekostet. Die beiden kennen sich seit ihrem Kunststudium, sie arbeiten oft gemeinsam an Projekten, unterstützen sich auch sonst im Alltag. Als Jana vergangenen Winter die Eröffnung ihrer ersten eigenen Ausstellung in einer kleinen Galerie feierte, erkannten wir die beiden kaum wieder. Zwischen Jana und Vera herrschte eine gefühlte Kälte, die wunderbar zu den schweren Schneeflocken passte, die draußen vor den Fenstern auf die Straße fielen.

Als Vera den Kopf zur Tür hereinsteckte, rannte Jana sofort auf sie zu und rief laut: »Hallo Vera, fein, dass du auch da bist!« Sie hatte schon die Arme um Vera geschlungen, aber die wand sich schnell aus der Umarmung. »Ja, hallo, gut sieht alles aus hier, wo gibt es denn einen Sekt?«, fragte sie frostig und eilte zu den anderen Gästen im hinteren Teil des Raums. »Was ist denn los?«, fragte dort einer der anwesenden Künstler. »Ach«, zischte Vera, »eigentlich sollte ich wohl gar nicht hier sein, eine Einladung habe ich jedenfalls nicht bekommen.« Hinter ihrem Kopf staubte an einer Wand großformatig der Sand auf einer collagierten Wüstenlandschaft. »Aber sie hat die Vernissage doch groß auf Facebook gepostet«, entgegnete ein schlaksiger Cordjackenträger mit Fransenpony. »Wo ist das Problem?« Vera zog beide Augenbrauen nach oben und sagte spitz: »Ich bin nicht auf Facebook.« Eine andere Freundin hatte ihr von der Eröffnung erzählt. Sie kam einfach mit.

Ich konnte Veras Gefühl der Kränkung gut verstehen. Alle werden eingeladen, und als gute Freundin wird man vergessen – weil man nicht dort erreichbar ist, wo alle anderen es sind. »Eine SMS ist bei guten Freunden allemal angebracht«, hatte Cordfranse damals festgestellt, und wir stimmten ihm alle zu. Persönliche Beziehungen erfordern persönliche Kommunikation. Allerdings lief bei Jana etwas anderes schief. Sie hatte nicht einmal vergessen, dass Vera nicht bei Facebook registriert war. Sie war sich ganz sicher, Vera eine E-Mail geschickt und sie eingeladen zu haben. Offensichtlich hatte sie es vergessen. Oder die Mail kam nie an. Vera hat diese Tatsache trotzdem verziehen. Die beiden sind wieder sehr herzlich im Umgang.

In vielen Fällen erleben die Menschen die Möglichkeiten der digitalen Kommunikationskultur eher als befreiend denn als bedrohlich. Beziehungen hängen nicht mehr vom Wohnort und anderen physischen Einschränkungen ab. Das Netz schafft eine eigene Balance zwischen Nähe und Distanz, die Freunde individuell aushandeln können. Nicht nur die Psychologin Ann Elisabeth Auhagen sieht in der anfänglich größeren Distanz – man kennt sich gar nicht, hat es mitunter mit einem Pseudonym zu tun – einen Vorteil. Schüchterne könnten sich so eher trauen, intime Beziehungen einzugehen.

Max gilt nicht unbedingt als schüchterner Zeitgenosse. Trotzdem ist er ein großer Fan von digitalen Freundschaftsnetzwerken. Ich hatte ihn über einen Bekannten aus München kennengelernt. Wir sahen uns regelmäßig auf Partys oder sonstigen Events, zu denen alle im erweiterten Freundeskreis eingeladen waren. Eines Tages tauchte er nicht auf. Auch bei der folgenden Party fehlte er. Als ich mich nach ihm erkundigte, meinte mein Bekannter nur: »Ach, der ist mit seinen Lokalisten unterwegs.« Die Lokalisten gründeten sich 2005 und waren das große Ding, bevor sich auch in Deutschland Facebook durchsetzen sollte. Die Idee war bereits im Namen enthalten: Anders als das weltweite Netzwerk Facebook wollte lokalisten.de vor allem Menschen in Großstädten vernetzen. Zu Beginn war eine Anmeldung nur über eine exklusive Einladung möglich. Auch das machte das Netzwerk sehr interessant.

Max war Mitglied der ersten Stunde. Und er verbrachte sehr viel Zeit mit seinen neuen Kontakten. Das Prinzip war einfach: Man freundete sich online an, um offline gemeinsam etwas zu unternehmen, was man wiederum online dokumentierte und für die Ewigkeit festhielt. Max hatte noch nie Probleme, Menschen kennenzulernen. Dennoch war er begeistert von den Möglichkeiten, die ihm das neue Netzwerk bot: »Man lernt die Leute ganz anders kennen«, schwärmte er, »die Kommunikation ist viel emotionaler, man gibt schneller Sachen preis.« Allerdings weiß er auch um die Gefahren: »Man muss sich dessen bewusst sein und vorsichtig mit den Informationen umgehen.«

Heute ist er meistens auf Facebook unterwegs. Aus seiner Zeit bei den Lokalisten ist ihm aber eine seiner besten Freundinnen geblieben. Sie ist Ärztin wie er. Anfangs war sie sogar verliebt in diesen emotionalen Max, der online plötzlich zum regelrechten Poeten wurde und lange Brief-Mails verschickte. Nach einem ersten Treffen war schnell klar, dass Max keine Schmetterlinge im Bauch hatte. Es wurde dennoch eine sehr gute Freundschaft aus ihrem Online-Kontakt. Die beiden sehen sich regelmäßig zweimal im Jahr. Einmal besucht er sie in Köln. Einmal fährt sie für ein Wochenende nach München.

Der Ethnologe Daniel Miller beschreibt digitale soziale

Netzwerke wie Facebook als Puffer, der die übliche Befangenheit von Menschen beim Aufeinandertreffen mit Fremden abfedere. »Auf Facebook können wir einiges über potenzielle Bekannte in Erfahrung bringen, ohne uns der Unbehaglichkeit eines direkten Kontakts auszusetzen.« Bereits befreundeten Menschen erleichtert es Facebook, die bestehenden Beziehungen zu pflegen. Sie ersparen sich zum Beispiel die Peinlichkeit, nicht über Ereignisse oder andere Lebensdaten des Freundes informiert zu sein. Mit Facebook vergisst kaum einer mehr Geburtstage.

Eine Chance bietet die digitale Pflege der Freundschaften auch für jene »Einsamen«, die aufgrund bestimmter Lebensabschnitte weniger mobil und an die Wohnung gebunden sind. Mütter etwa. Oder Senioren, die zunehmend auch soziale Netzwerke nutzen. Wie Miller herausfand, führt dies nicht dazu, dass die Menschen im analogen Alltag weniger Zeit miteinander verbrächten. Im Gegenteil: Das Netz erweist sich als »probates Werkzeug zur Organisation und Koordination aller möglichen sozialen Ereignisse bis hin zur täglichen Hausarbeitsdebatte«, so Miller.

Zudem erweist es sich als probates Werkzeug, um neue soziale Kontakte in der analogen Welt einzugehen und zu organisieren. Die Grenzen zwischen den Welten sind fließend geworden. In der globalisierten Welt kann das sehr hilfreich sein. Zum Beispiel, wenn man in eine neue Stadt zieht oder aus anderen Gründen an einem Ort neue Freunde sucht.

Globamigos unter sich

Eine Pinnwand einer Untergruppe in einem großen sozialen Netzwerk. Jeder, der möchte, kann der Gruppe beitreten. Viele sind bereits Mitglieder. Sie alle pflegen intensiv ihre Kontakte.

KENIA YVONNE: Hilfe, ich brauche neue Freundinnen ;), denn meine sind schwanger, verliebt, verlobt verheiratet … :)

»NEU-IN-BERLIN«-STAMMTISCH: Schlimm ;) Ich kann Dir versichern, dass beim Stammtisch sicherlich nicht alle von diesen »Einschränkungen« betroffen sind VG Flo

KENIA YVONNE: :) sehr gut …

MANUELA RAECK: Ich bin denn eine Deiner neuen Freundinnen … ;))

Manchmal kann Freundschaft so einfach sein! Auf der Pinnwand der Facebook-Gruppe »Neu-In-Berlin«-Stammtisch liest es sich jedenfalls ganz so. Wie fast alle Großstädte bietet auch Berlin seinen Neueinwohnern digitale Angebote, um sich kennenzulernen. Die Gruppe auf Facebook organisiert Stammtische in Kneipen, Grillabende und Ähnliches. Wer gerade umgezogen ist und sich in der neuen Stadt einsam fühlt, kann sich über das Netz mit anderen treffen. Wenn es gut läuft, freundet man sich an.

Sollte ich mich eines Tages doch für einen Umzug nach Hamburg entscheiden, wäre dies eine Chance. Dort gibt es auch eine Facebook-Gruppe für Neulinge. Dieses Angebot sprach eindeutig für Hamburg, ich verzeichnete dennoch keinen Punkt auf meiner Städteliste. Denn insgeheim zweifelte ich an dem Konzept. Es war eine seltsame Vorstellung, sich auf diese Weise sozialen Anschluss, Freunde gar organisieren zu müssen. Ganz so, als fehle einem eine entscheidende soziale Kompetenz. Als sei man ein Außenseiter, der sich mit anderen Außenseitern trifft, um seine Einsamkeit zu teilen.

Dabei zerstreut unsere Realität diese Zweifel von selbst: So wie mir geht es vielen. Es handelt sich nicht mehr um den einen oder die eine Außenseiterin, der oder die auf dem Online-Weg Bekannte, Freunde oder schlicht Geselligkeit sucht. So auch Annika. Sie hat keine Lust, den Sommer alleine auf ihrem Balkon zu verbringen, und findet, es sei Zeit für »1001 Nacht in Berlin«. Unter diesem Motto will sie einen veganen Kochabend veranstalten. »Wenn das Menü steht, kaufe ich alles ein, wir kochen alle gemeinsam und verspeisen das Ganze im Schneidersitz auf dem Balkon, Hugo und Sprizz inklusive«, verkündet sie in ihrer Einladung. Als Vorgeschmack zeigt ein Foto neben dem Text einen Balkon mit einem Tischchen, Teppich sowie einigen großen Kissen.

Adressiert ist die Einladung an alle, die in der Online-Community Yumwe Mitglied sind oder es werden wollen. Wer bei Annika gemeinsam mit anderen vegan kochen und essen möchte, muss sich dort registrieren und bei ihr anmelden. Wenn die Einladung bestätigt wird, erfährt der Gast ihre Adresse. Yumwe gibt es seit Juni 2012. Das Motto lautet: »Kochen macht Freunde.« Es ist ein großer Erfolg. Bereits nach einem Jahr haben hundert dieser sogenannten Kochsessions in 15 Städten stattgefunden, die meisten in den Großstädten Berlin, Hamburg, München, Köln, Leipzig und Frankfurt am Main. Täglich melden sich nach eigener Auskunft neue Mitglieder an.

Aurel Bantzer, einer der Gründer der Plattform, lag mit seiner Idee goldrichtig. Er war gerade auf dem Weg in ein Restaurant, als er zum ersten Mal an diese Art von Kochevents dachte. Ein Küchenfenster im Erdgeschoss stand offen, es duftete bis auf die Straße nach Mangohuhn und Jasminreis. Plötzlich fand er es schade, in ein Restaurant zu gehen. »Es wäre doch viel netter, den Menschen kennenzulernen und mit ihm zu essen, der so gut kochen kann«, erzählt er. Das Internet macht auch das möglich. »Nun kann man mühelos einen Bewohner einer Stadt kulinarisch kennenlernen«, sagt Bantzer, »das gemeinsame Kochen in einer privaten Küche ist ein Eisbrecher.«

Für Anja und Mareike war es sogar mehr als das. Die beiden steckten ihre Köpfe zum ersten Mal über einer grünen Sushi-Rollmatte zusammen und bekamen den ersten ihrer legendären gemeinsamen Lachanfälle. Der Gastgeber hatte in Köln zum Sushi-Selbermachen eingeladen. Die Röllchen von Anja und Mareike waren am Ende des Abends eher kleine Häufchen, die sie schließlich mit etwas Wasabipaste auf dem Tellerboden anklebten, damit sie halbwegs in Form blieben. Schon eine Woche später veranstalteten die beiden eine eigene gemeinsame Session bei Anja zu Hause. Heute sagen beide von sich, sie seien seitdem beste Freundinnen.

Das verwundert eigentlich auch nicht. Gemeinsames Kochen zählt zu den beliebtesten Aktivitäten unter Freunden. Und das nicht erst, seit Kochen schick ist. Es steht für eine der schönsten Formen von Geselligkeit. Während meines Studiums lud jede Woche mindestens einer aus dem Bekanntenkreis zum Essen und Kochen ein, gerne auch in die Gruppenküche im Studentenwohnheim, die wenig anheimelnd war. Es störte niemanden. Manchmal zogen wir danach weiter. Oft beließen wir es dabei zu kochen, zu essen und zu reden. Gute zehn Jahre später kann ich mir nicht mehr vorstellen, neue Bekannte ganz selbstverständlich einmal die Woche zum Kochen nach Hause einzuladen. Es fehlt schlicht die Zeit. Wie bitte sollte man denn in einer neuen Stadt zwischen Familie und neuem Job bei aller Eingewöhnung noch Zeit finden, Leute einzuladen, ja überhaupt näher kennenzulernen?

Die Mitkochplattform Yumwe bietet genau dafür eine Lösung. Zuerst dachten die Gründer, dass vor allem Studierende ihre Zielgruppe werden würden. Sie täuschten sich. Die meisten Mitglieder sind zwischen 30 und 45 Jahre alt, berichtet Bantzer. »Für uns interessieren sich Menschen in einer Umbruchsituation, Menschen die neu in eine Stadt kommen oder einfach offen sind für Neues.« 70 Prozent der Mitglieder sind Frauen. Diese Zahl passt gut zu den Erfahrungen, die die Soziologin Marla Paul gemacht hat. Als sie in ihrer Zeitungskolumne gestand, dass sie oft einsam sei und nur schwer neue Freunde in ihrer neuen Gegend finde, schrieben ihr vor allem Frauen von ähnlichem Leid.

Oftmals besteht das Problem nicht darin, die Einzige zu sein, die sich einsam fühlt. Meist wissen die Menschen nur nicht, dass es den anderen genauso geht und wo sie sich aufhalten. Als in New York eine der ersten Freundschafts-Online-Börsen gegründet wurde, stellten einige Mitglieder fest, dass sie sogar im selben Wohnblock lebten, quasi in direkter Nachbarschaft. Die Anonymität der Stadt ließ sie davon zunächst nichts wissen. Das Internet mit seinen sozialen Netzwerken und Interessensgruppen mag selbst ein anonymer Raum sein. Es hilft aber gleichzeitig, die Distanz zu überwinden.

Mein Bekannter Paul hat seinen besten Freund auch über das Netz kennengelernt. Er war lange Mitglied auf MySpace, einem ehemals sehr angesagten Portal, in dem vor allem Bands und DJs aktiv waren. Als Paul eines Tages für eine Party nach einem DJ suchte, stieß er dort auf Fred. Der sagte zu und machte an jenem Abend wunderbare Musik. Danach sahen sich die beiden öfter auf anderen Partys. Im Gespräch blieben sie über das Netzwerk und per Mail. Alles andere wäre auch schwierig gewesen, meinte Paul, als er im Freundeskreis einmal die Geschichte ihres Kennenlernens erzählte. »Oder habt ihr mal versucht, mit einem DJ abends auf einer Party länger zu reden?« Nach etlichen durchtanzten Abenden und diversen Mixtapes, die sie auf MySpace getauscht hatten, verabredeten sich die beiden schließlich bei Paul zu Hause. Sie legten Musik zum Chillen auf und unterhielten sich zum ersten Mal länger Face to Face. Dennoch hatten sie das Gefühl, sich schon ewig zu kennen.

Netzwerke wie Facebook, MySpace, Yumwe, Pinterest und andere Communities vermitteln schneller Vertrautheit, als man auf den ersten Blick vermuten würde. Paradoxerweise bedienen sie gleichzeitig ein Bedürfnis, das die distanzierte Welt mit all ihren Wahlmöglichkeiten im Internetzeitalter erst hervorruft: das nach Nähe und sozialer Sicherheit. Menschen reagieren nicht zum ersten Mal auf eine derartige Entwicklung, indem sie sich zu Gruppen zusammenschließen und Freundschaften einen größeren Wert beimessen.

Interessanterweise fällt die Geburtsstunde der Freundschaft als Quelle von Glück und Selbstsicherheit ins 18. Jahrhundert. Oft wird es sogar als Zeitalter der Freundschaft beschrieben. Überliefert ist dies vor allem in den zahlreichen flammenden Lobliedern auf das hohe Gut der Freundschaft: Schiller, Goethe, Gleim, Hölderlin oder Schleiermacher, um nur die bekanntesten zu nennen, waren glühende Verfechter dieser neuartigen Beziehungsform. Dieser literarisch gepflegte Freundschaftskult entstand aufgrund sozialer Veränderungen, wie der Germanist Friedrich Tenbruck festgestellt hat.

Die bislang starre Ständeordnung des Barock befand sich in Auflösung. Zum ersten Mal in der Geschichte traten Menschen als individuelle Wesen aus dem sozialen Gefüge heraus. Sie durften und mussten sich ihren Platz in der Gesellschaft suchen, er war nicht mehr von Geburt an festgelegt. Im Vergleich zu heute waren die Wahlmöglichkeiten noch gering. Aber der Prozess der Individualisierung setzte damals ein. In der Folge stieg auch das Bedürfnis nach persönlichen Beziehungen, die frei gewählt werden konnten und dennoch emotionale Sicherheit boten.

Mit der Kehrseite dieser Entwicklung kämpfen wir bis heute: Freunde zu finden und zu behalten bedeutet eine

Anstrengung, die nicht immer belohnt wird. Die neue Freiheit kann auch Einsamkeit mit sich bringen. Es überrascht nicht, dass sich der Arzt und Philosoph Johann Georg Zimmermann Mitte des 18. Jahrhunderts zum ersten Mal mit diesem Phänomen auseinandersetzte. Seine Schrift *Ueber die Einsamkeit* erlangte europaweite Beachtung. Als Reaktion auf dieses ebenfalls neuartige Gefühl gründeten sich zahlreiche Vereine, Kreise und Gruppen. »Der Vereinsreichtum des 18. Jahrhunderts macht darauf aufmerksam, wie Menschen damals mit Institutionen experimentierten, um dem gesellschaftlichen Wandel gerecht werden zu können«, schreibt Tenbruck. Etwas Ähnliches erleben wir gerade in der digitalen Welt.

Florian Kessler, Kulturjournalist und Autor des Buchs *Mut Bürger*, hat diese Erfahrung zum Beispiel im politischen Bereich mit Protestbewegungen gemacht, die sich über das Internet organisieren. In einem Interview auf jetzt.de beschreibt er sie so: »Dabei gibt es gerade für Demos die wunderschöne Idee der ›Bezugsgruppen‹, dass man mit anderen Leuten auf Demos geht, die man kennt und denen man vertrauen kann. Da werden Freundschaften, das Leben und Politik fließend eins.«

Wir zelebrieren heute vielleicht keinen neuen Freundschaftskult. Aber wir experimentieren durchaus mit neuen Formen des sozialen Zusammenschlusses. Und dies weltweit. Noch nie zuvor waren Menschen unabhängig von geografischen Grenzen miteinander vernetzt. Oft tun sie es in ganz traditionellen Gruppen, die auf neuem Wege zusammenfinden. Manchmal werden sogar alte Vereinsstrukturen wiederbelebt. In Berlin und Hamburg haben sich zum Beispiel Kneipenchöre über das Internet gegründet. Die Teilnehmer treffen sich abends in geschlossener Gesellschaft, trinken und singen im Chor. Wer mitmachen möchte, muss sich online bewerben. Nicht immer, aber manchmal entstehen in diesen Gruppen auch gute Freundschaften zwischen einzelnen Mitgliedern. Grundsätzlich aber folgen all diese Zusammenschlüsse einem freundschaftlichen Prinzip.

Beste Freundinnen

Klischee und feministische Realität: Die wichtigsten Frauen im Leben einer Frau

In der Wüste von Arizona. Irgendwo fernab der Highways und Motels. Ein Cabrio steht vor einem Canyon. Hinter dem Steuer sitzt eine Frau, verschwitzt, mit strähnigen Locken, neben ihr eine Frau, verschwitzt, mit strähnigen Locken. Die beiden sehen sich an. Sirenen jaulen. Polizisten haben im Hintergrund mit ihren Autos einen Halbkreis gebildet. Die Waffen sind gezückt.

THELMA: »Bist ’ne gute Freundin.«
LOUISE: »Du auch, Süße, du bist die beste.«
Sie blicken sich tief in die Augen und schweigen eine Weile.
LOUISE: »Bist du sicher?«
THELMA (*nickt, beide sehen auf den Abgrund vor ihnen*): »Fahr los!«
Louise tritt das Gaspedal durch. Das Auto rast auf den Abgrund zu und stürzt hinab.

Als der Regisseur Ridley Scott die beiden Frauen Thelma und Louise 1991 quer durch die USA jagte und einen Heldinnentod sterben ließ, war das ein kleiner Skandal. Im gesamten Film stirbt zwar »nur« ein Mensch, es ist kaum Blut zu sehen, und nur wenige Kugeln werden aus Waffen abgefeuert. Scott sah sich dennoch dem Vorwurf der Gewaltverherrlichung ausgesetzt. Das lag nicht nur an der Handlung. Sie ist für das Genre Roadmovie im Grunde ganz klassisch: Zwei Freunde befinden sich auf der Flucht, da einer von beiden eine andere Person aus Notwehr getötet hat. Sie hetzen quer durch die USA in Richtung Mexiko und verstricken sich immer tiefer in eine Spirale der Gewalt. Am Ende wählen sie den tragischen Heldentod.

Der Skandal bestand darin, dass Scott zwei Freundinnen auf die staubigen, rauen Straßen schickte. Freundinnen mögen für ein Wochenende aus ihrem Alltag ausbrechen, weil sie ihre ignoranten und dominanten Ehemänner nicht mehr ertragen. Aber Freundinnen töten keinen anderen Menschen, schon gar keinen Mann, der eine der beiden Frauen vergewaltigen will. Sie schmieden keinen Fluchtplan, weil sie niemals zurückgehen würden, weder ins staatliche Gefängnis noch in die häusliche Zelle ihrer Ehe. Freundinnen, wie man sie bis dahin aus dem Kino kannte, sterben keinen gemeinsamen Heldinnentod. Also bitte!

Ridley Scott hat mit *Thelma & Louise* in einem traditionellen Männergenre auch mit einem alten Klischee der Frauenfreundschaft aufgeräumt: Frauen tratschen – aus Langeweile – und stiften sich emotionale Nähe – aus Einsamkeit –, während sie Haus und Hof hüten. Männer handeln – aus wirtschaftlichen Gründen – und brauchen dafür Verbündete – aus strategischen Gründen –, weil sie die Existenz absichern. So sehen wir es in jedem zweiten Kinofilm. So lesen wir es in jedem Frauen- und Männermagazinbeitrag. So erklären es uns zahlreiche Werke, die immer wieder ein Lob auf die beste Freundin singen.

Das österreichische Magazin *Profil* brachte diese popkulturell verbreiteten Klischees schön auf den Punkt: »Frauen im Rudel beraten, unterstützen und trösten sich und legen auch angstfrei ihre eigenen Verwundbarkeiten offen.« Bei den Männern sieht es anders aus: »In der Herrenabteilung erweist sich ein gemeinsamer Feind oder eine gemeinsame Mission als wirksamste Verbindung, wie man in der Mafiaserie *Sopranos*, aber auch *Grey's Anatomy* sieht.«

Historisch betrachtet muten diese Stereotype besonders skurril an. Bis weit ins 20. Jahrhundert hinein brachte niemand Frauen mit Freundschaft in Verbindung. Im Gegenteil, man sprach ihnen sogar die intellektuelle und emotionale Fähigkeit ab, Freundschaften einzugehen. Michel de Montaigne, der große Idealist und Humanist, hielt in seiner Hymne auf die Freundschaft fest, dass »in Wahrheit das geistige Vermögen der Frauen gewöhnlich den Anforderungen des engen Gedankenaustauschs und Umgangs nicht gewachsen ist, aus denen der heilige Bund der Freundschaft hervorgeht.« Ja, schlimmer noch: »Auch scheint ihre Seele nicht stark genug, den Druck eines so fest geknüpften und dauerhaften Bandes zu ertragen.« Was dazu wohl die Macher von Dauerbrennern wie *Sex and the City* sagen würden?

Diese und andere Serien verbreiten heute ein exakt genderverkehrtes Konzept: Frauen sind hochemotionale und sexualisierte Wesen, die ihre Interessen lieber mit ihren Freundinnen und Affären, später dann Familien, ausleben, anstatt sich in der harten Männerbastion der Ökonomie durchzubeißen.

So weit hergeholt sind diese Klischees ja auch nicht. Wie so oft ist unsere Realität nur komplizierter. Für die meisten Frauen ist sie das auch nicht erst, seit es Alphamädchen und Alltagssexismusdebatten gibt. Interessanterweise beginnt das besondere Bedürfnis von Frauen nach Freundschaften in einer Zeit, in der sie zum ersten Mal Teilhabe an Bildung erhielten und nicht mehr ausschließlich auf Haus und Hof festgelegt waren.

Die Ethnologin Margret Hansen datiert diese Entwicklung zurück ins 18. Jahrhundert. Sie hat in ihrer Promotionsarbeit die Freundschaftserfahrungen in weiblichen Biografien untersucht und kommt zu dem Schluss, dass unser eigentlich als sehr modern empfundenes Dilemma zwischen Beruf, Individualität und Familie im Zeitalter der entstehenden Bürgerlichkeit seinen Anfang nimmt. Zu dem Zeitpunkt, wo Frauen mit wechselnden Rollenerwartungen konfrontiert würden, so schlussfolgert Hansen, kämen die besten Freundinnen ins Spiel: Mit ihnen tauscht man sich aus, geistig wie auch emotional. Sie dienen der Rückversicherung bei den wachsenden Möglichkeiten und individuellen Freiheiten. Sie sind so wunderbar ganz für einander da, wie es das Duo »2Raumwohnung« in seinem wunderbaren Song »ich und elaine« würdigt:

ich und elaine
sie ist mein partykapitän
überallhin nimmt sie mich mit
und für sie ist dieses lied

elaine und ich
sie weiß alles über mich
ich alles über sie
sheriff and deputy

ich und elaine
mit ihr ist alles angenehm
sie hat mein herz und ich hab ihrs
we are female musketeers

sie ist mein arzt
macht mich glücklich und gesund
ich bin für sie da
bin ihre katze und ihr hund

Nicht nur Männerfreundschaften sichern die Existenz, auch Frauenfreundschaften sichern ab: Sie dienen als Gegengewicht zu allen anderen Beziehungen, die von Abhängigkeiten bestimmt sind. Sie haben emanzipatorischen Charakter, vor allem, aber nicht ausschließlich, »gegen« die Männer. Der Berliner Psychoanalytiker Horst Petri bezeichnet die beste Freundin daher sogar als »Hilfs-Ich«, analog zu der Beziehung einer Patientin zu ihrem Therapeuten oder ihrer Therapeutin.

Die Freundinnen identifizieren sich wechselseitig miteinander. Petri ist in seiner therapeutischen Tätigkeit immer wieder selbst erstaunt, wie er sagt, »in welchem Ausmaß Freundinnen zur wechselseitigen Unterstützung bereit sind«. Vor allem in langen Gesprächen und konzentriertem Zuhören fänden beide auf ihre Weise zu einem stärkeren Selbstbewusstsein. Nach der Theorie der Psychoanalyse geht er davon aus, dass Frauenfreundschaften einen hohen Anteil an mütterlich-familiärem Begehren haben. Das Mutter-Kind-Verhältnis spiegele sich in doppelter Hinsicht. Jede kann beides sein.

Meine erste beste Freundinnenschaft begann wohl auch nicht zufällig im Alter von zwölf Jahren. Die Pubertät war im Anflug, und all die Jungs, mit denen ich als Kind eigentlich fast in Überzahl befreundet gewesen war, wurden auf andere Art interessant. Michaela ging es da nicht anders, sie war praktischerweise ein Jahr älter als ich und hatte zudem eine noch mal ältere Schwester. Der Erfahrungswert dieser Beziehungskette war äußerst ergiebig. Mit der Beliebtheit von Michaela bei meiner Mutter sah es hingegen weniger gut aus. Zum ersten Mal in meinem Leben gab es eine andere weibliche Ansprechpartnerin für Freuden und Nöte als sie. Ja, und schlimmer als das: Es gab eine Person, mit der ich Erfahrungen teilte, die ihr verborgen waren und es ganz klar auch sein sollten.

Am harmlosesten – aus Sicht meiner Mutter – waren die stundenlangen Telefonate. Meist kam ich gegen 14 Uhr von der Schule nach Hause, wo ich zuvor die meiste Zeit an der Seite von Michaela verbracht hatte. Nach dem Mittagessen und einer heißen Hausaufgabenphase von einer halben Stunde klingelte entweder bei uns das Telefon, oder ich wählte die Nummer von Michaela. »Wie lange geht das schon?«, rief meine Mutter oft ärgerlich in unser Gespräch hinein. »Wenn uns jemand erreichen will, dann kommt er nicht durch!« Da unser Telefon sonst nicht sehr oft klingelte, sah ich darin kein allzu großes Problem. »Was gibt es denn eigentlich schon wieder zu bereden!«, setzte meine Mutter vorwurfsvoll nach. Darin sahen Michaela und ich nun überhaupt kein Problem. Erstens: In der Schule konnte man sich nicht sehr gut über Lehrer und die Mitschüler austauschen. Zweitens: Am Telefon ließ sich in vertraulicher Ruhe die Freizeit- und Wochenendplanung angehen – *worst case* für meine Mutter.

Anfangs verbrachten wir die Freizeit mit all solchen Sachen, die ich in der Rückschau wohl als Ausleben des Klischees bezeichnen müsste: Wir stahlen uns in die Boutiquen der Kleinstadt und probierten mit Frauenzeitschrift-gestählter Profimiene Kleidungsstücke an, die Preisschilder trugen, bei denen unsere Mütter in Ohnmacht gefallen wären. Anschließend verliebten wir uns in der Abendvorstellung in Gérard Depardieu, der damals noch nicht die russische Staatsbürgerschaft hatte, sondern im Film *Green Card* um die amerikanische kämpfte und dabei das Herz von Andie MacDowell eroberte. Später dann lagen wir abwechselnd in einem Zimmer der anderen lange wach und redeten. Über die Eltern. Warum sie so sein mussten, wie sie waren. Ob Narziss und Goldmund ein ideales Freundespaar sind. Wie es wohl wäre, wenn wir einen Freund hätten? Wie der überhaupt sein müsste, damit wir ihn zum Freund hätten? Wo man den wohl fände?

Eine Möglichkeit erschien uns neben der Schule die

plausibelste: Die Disco – es waren schließlich die frühen Neunzigerjahre! Meine Eltern waren da leider anderer Meinung. Doch es half nichts. Und so stand ich dann an einigen Abenden am Rand der kleinen Tanzfläche, pustete souverän Rauch in den weißen Chemienebel, der immer mal wieder in dicken Wolken vom Boden in die Luft strömte, und hoffte inständig, dass der gut aussehende Typ gegenüber kein Polizist in Zivil war, der mich nur deshalb ansah, weil er gleich meinen Ausweis kontrollieren wollte. Michaela zog mich währenddessen längst am Ärmel, sie wollte tanzen, aber nicht alleine. Ich wollte am liebsten in meinem Eckchen stehen bleiben, so, wie das die Jungs gegenüber ja eigentlich auch die ganze Zeit machten, und gucken. Meist fand ich mich auf der Tanzfläche wieder.

ich und elaine
we share the blood in our veins
adventure team
zusammen sind wir medizin

ich und elaine
von außen kann man es nicht sehen
wir sind aus einem ei
i'm the blue and she's the sky

elaine und ich
liegen kreischend unterm tisch
was man mit ihr erlebt
das erleben andere nicht

elaine und ich
ohne die andere geht es nicht
das institut
erklärt wir tun uns beide gut

Vielleicht lag es am Altersunterschied. Vielleicht am Temperament. Jedenfalls war Michaela mir meist einen Schritt voraus. Leider auch beim Abschiednehmen. »Ohne die andere geht es nicht?« Die Hymne von 2Raumwohnung gilt leider nicht für die Ewigkeit.

Wir hatten etliche gemeinsame Urlaube verbracht, am Strand Zigaretten geraucht und abends auf Plazas Wein getrunken, wir hatten so oft an so vielen Plätzen in den Himmel gesehen und uns gefragt, was in ein, zwei Jahren wohl aus uns werden würde, wenn wir unser Abitur in der Tasche hätten. Eines Tages, wir saßen am heimatlichen Flussufer, schaute Michaela dann lange in den Himmel und sagte plötzlich: »Ich gehe weg.« Noch vor dem Abitur. Ihr Vater, ein Ingenieur, wurde nach längerer Zeit wieder in den Außendienst seiner Firma versetzt.

Ich schaute auf die Oberfläche des Flusses, auf der sich kleine Wellen kräuselten, und schluckte den Tränenkloß hinunter. Wir waren ja kein Paar. Oder gar verwandt. Es schien mir unangebracht zu weinen. Mir war dennoch danach. »Wohin denn?«, stammelte ich mit piepsiger Stimme. »Japan«, sagte sie und lächelte. Sie hatte das Kleinstadtleben immer gehasst. Zu eng. Zu restriktiv. Zu doof. Aber gleich Japan? Überhaupt: Mit wem sollte ich mich nun im Kino verlieben oder darüber beraten, was aus mir mal werden würde?

Ich war 16, als Michaela mit ihrer Schwester, ihrem Bruder und dem Vater nach Tokio zog. Obwohl in meinem Umfeld einige andere Freunde waren, fühlte ich mich plötzlich unendlich einsam. Wenn eine gute oder gar beste Freundin geht, bleibt man selbst am Rand eines emotionalen Wüstenabgrunds zurück. Es mag pathetisch klingen, und viele haben immer wieder zu Recht auf die klischeebeladene Idealisierung von Frauenfreundschaften hingewiesen. Aber seit den Achtzigerjahren kommen auch seriöse Wissenschaftlerinnen zunehmend zu der Erkenntnis, dass diese Beziehungsform einen besonderen psychologischen Wert im Leben von Frauen hat. Beste Freundin begreifen sie dabei nicht exklusiv, sondern qualitativ. Für viele Frauen ist es selbstverständlich, mehrere sogenannte beste Freundinnen zu haben.

Ausgerechnet eine Professorin für Frauenstudien, eine Frau also im Dienste der feministischen Bewegung, hat auf die individuellen Bedürfnisse von Frauen bei ihren Freundschaften hingewiesen. Die US-Amerikanerin Janice G. Raymond unternimmt in ihrem Buch *Frauenfreundschaft* den Versuch, eine »Philosophie der Zuneigung« unter Frauen zu entwickeln, die nicht nur auf den »Kampf gegen männliche Tyrannei« zielt. Sie kommt am Beispiel von männerlos lebenden Frauen, etwa Ehebrecherinnen im China des vergangenen Jahrhunderts oder Nonnen, zu dem Schluss, dass Frauenfreundschaft den Frauen ein Lebensumfeld ermöglicht, in dem sie »lebensglücklich« sein können. Raymond spricht dabei von einer »Vision der Frauenfreundschaft«: organisierte Schwesterlichkeit gegen die Bedingung weiblicher Unterdrückung. So lautet ihr Glücksversprechen.

Als Michaela mich zurückgelassen hat in dieser schmucken Kleinstadtöde, befand ich mich zugegeben nicht im Kampf gegen die männliche Tyrannei. Wieso auch!? In der Schule waren ja noch alle weitgehend gleich, wenn nicht sogar die weibliche Fraktion etwas erfolgreicher, mitunter sogar bereits in gemischten Fußballspielen. Aber ich war unglücklich. *Ohne die andere geht es nicht…* Das Alltagsleben fühlte sich plötzlich fremd an. Der Weg nach der Schule zur Dönerbude um Kilometer weiter, die Unterrichtsstunden um zig Minuten länger. Was plötzlich fehlte, war eine alltägliche Vertrautheit.

Die Züricher Psychologieprofessorin Verena Kast beschreibt den Wert der engen Freundschaft unter Frauen vornehmlich in dieser Eigenschaft, als »Ort des Vertrauens«. Sie ließ hundert Frauen im Alter zwischen 19 und 73 Jahren nach der Bedeutung ihrer besten Freundinnen befragen. Sie hatten ganz unterschiedliche Berufe, überwiegend handelte es sich jedoch um Studentinnen. Eine große Mehrzahl antwortete, dass sie mit der besten Freundin eine große Vertrautheit teilten. »Bei der besten Freundin spüren Frauen Nähe, Wärme, fühlen sich geborgen und sicher, akzeptiert, auch wenn sie etwas machen, das die Freundin eigentlich nicht versteht«, so lautet ein generelles Resümee von Kast. Individuell spielen immer auch persönliche Motive eine Rolle, warum eine Frau in einer anderen eine beste Freundin sieht. Manche haben sich durch eine Krise begleitet, andere kennen sich sehr lange und sind Zeuginnen der jeweils anderen Geschichte.

Außenstehende können diese Vertrautheit zwischen besten Freundinnen manchmal alleine an ihren Blicken erkennen. Sie müssen nicht unbedingt so dramatische Folgen haben wie jener lange Blick, den sich Thelma und Louise zuwerfen, bevor sie in den Abgrund rasen. Aber sie signalisieren für jeden kleinen Moment im Alltag eine ähnlich eingeschworene Verbundenheit.

In der – Berliner, vielleicht auch Hamburger? – U-Bahn ist dies vor allem bei den Jüngeren schön zu beobachten: Zwei Frauen sitzen nebeneinander. Sie schweigen. Eine der beiden hält einen MP3-Player oder ein Smartphone in den Händen. Die andere lehnt ihren Kopf an die Schulter der Freundin. Beide haben jeweils einen Knopf des Kopfhörers in ihrem linken beziehungsweise rechten Ohr. Sie wippen mit den Füßen zum Takt der Musik. Grinsen. Sobald ein Fahrgast aufsteht und ein anderer sich neben sie setzt, blicken sie sich kurz in die Augen, an denen lange schwarze Wimpern kleben. Dann teilen sie einen Keks. Suchen ein neues Lied. Oder halten das Smartphone plötzlich vor beide Köpfe, die eng zusammengerückt sind, und lächeln breit. Dann macht es KLICK. Und der Freundschaftsmoment ist digital festgehalten. Für gewöhnlich posten beide den Beweis ihrer Verbundenheit anschließend in einem der digitalen sozialen Netzwerke, die heute eine besonders geeignete Bühne für beste Freundinnen bieten.

»ABFFL« nennen sie sich dort – allerbeste Freundinnen fürs Leben. Sie beweisen sich und ihrer Community diese beste und exklusive Freundschaft über Liebeserklärungen und innige Fotos. »Ich liebe dich so fucking vieeel«, steht dann dort zum Beispiel zu lesen, gefolgt von einem oder mehreren symbolischen Herzen: <3. Auf den Fotos sieht man, wie sie vor dem Spiegel mit Kussmündern posieren oder Hand in Hand auf Bahngleisen laufen. Der Münchner Sprachforscher Martin Voigt spricht in einem *Spiegel*-Artikel von einem »regelrechten Kult um die beste Freundin«. Die Mädchen stilisierten ihre Beziehung zu einer Liebesbeziehung.

Folgt man der Interpretation des *Spiegel*, handelt es sich dabei um eine negative Entwicklung, die das Netz verursache. Auch bei den besten Freundinnen zähle nur mehr die Aufmerksamkeit, die man dafür im Netz bekomme. Der Wert dieser Freundschaft bestehe weniger in der körperlichen und emotionalen Nähe, die sie ausstellen, sondern in der Anerkennung und Bewunderung der anderen für diese Freundin. »Die Beste ist, sooft es geht, als Erste zur Stelle, klickt eifrig auf den ›Gefällt mir‹-Knopf und garantiert auch sonst, dass man nicht unbemerkt untergeht«, schreibt der Journalist Manfred Dworschak.

Das mag plausibel klingen. Allerdings bezweifle ich, dass sich dieses Phänomen der »neuen Innigkeit landesweit« etwa um 2007 herum ausgebreitet haben solle, wie der Sprachforscher Martin Voigt behauptet. Michaela und ich hatten kein Internet in den frühen Neunzigerjahren, aber Fotoapparate. Und einen Mund, den man zu einem Kuss formen konnte. Ebenso wie wir Arme hatten, mit denen wir uns zur Begrüßung drücken konnten. Auch wir hatten ein bitteres Ende, an dem ich so unglücklich in meiner Kleinstadt saß, wie es all die Mädels getan hätten, die heute für ihre Erklärungen an Pinnwänden belächelt werden: »Ich will dich nie nie nieeee mehr verlieren! Wir sind immer füreinander da.« Kein Wunder, denn »wir haben schon so viel zusammen durchgemacht«. Michaelas und meine Bühne war nicht global einsehbar, das stimmt. Aber heute wie damals geht es ursprünglich um etwas anderes: Eine erste Erfahrung der Vertrautheit mit einer ehemals fremden Person, die einen durch eine wichtige Lebensphase und vielleicht sogar darüber hinaus begleitet.

Diese Beziehung zwischen besten Freundinnen, egal in welchem Alter, muss keineswegs ein ganzes Leben bestehen, um als jener »Ort des Vertrauens« erlebt zu werden, wie ihn Verena Kast beschreibt. »Die beste Freundin scheint die zu sein, die einem im Moment besonders guttut und die Lebensbedürfnisse oder Entwicklungsbedürfnisse, die man hat, am besten abdeckt.« Wie lange diese Momente anhalten, ob daraus mehrere Lebensphasen werden oder eher ein beschränkter Zeitraum, weiß keine so genau.

Vielleicht möchte die beste Freundin plötzlich lieber mit ihrem neuen Freund eng umschlungen U-Bahn fahren und Smartphonefotos machen. Eventuell möchte sie ihr Herz ganz einfach auch nur einer anderen besten Freundin anvertrauen, weil die Verbundenheit nicht mehr ganz so innig ist wie noch vor einiger Zeit. Oder sie zieht demnächst in eine andere Stadt, vielleicht sogar in ein anderes Land.

Eine sehr prominente Frauenfreundschaft rückte Anfang 2013 mit einer Veränderung der besonderen Art in den Fokus der deutschen Öffentlichkeit. Die damalige Bundesbildungsministerin Annette Schavan zog die Konsequenz aus den Vorwürfen, ihre Doktorarbeit entspräche nicht den wissenschaftlichen Standards, und trat zurück. Auf der Pressekonferenz begann sie ihre Rede mit eher ungewöhnlich persönlichen Worten: »Ich danke dir, liebe

Angela, für deine Worte und deine Würdigung heute, und für Vertrauen und Freundschaft über viele Jahre«, sagte sie. Adressatin war Bundeskanzlerin Angela Merkel, die ihr wiederum zuvor für ihre vertrauensvolle Zusammenarbeit gedankt hatte und nun etwas blass um die Nase, mit hängenden Mundwinkeln neben Schavan an ihrem Rednerpult stand. »Freundschaft«, so fuhr Schavan fort, »hängt nicht an Amtszeiten und wirkt über diesen Tag hinaus.« Das mag jedem sofort einleuchten, auch wenn man keine Erfahrung mit Amtszeiten haben sollte. Aber woran hängt die Freundschaft unter Frauen dann? Was hat Einfluss darauf, wie lange sie »wirkt«?

Psychologisch gesehen entscheidet sich die Dauer der Beziehungen auch daran, ob Grenzen gesetzt werden können und Lernprozesse möglich sind. Wie bei allen sehr nahen Verbindungen zu anderen Menschen wird auch bei besten Freundinnen die Abgrenzung der eigenen Person schnell zum Problem. Beide sollen immer für die andere da sein, sie immer in allen Lagen verstehen. Aber wo hört da das andere Ich auf, und wo fängt das eigene an? Verena Kast nennt ein sehr schönes alltägliches Beispiel für diese Frage. Die beste Freundin ruft an. Eigentlich hat die andere keine Zeit, sie sitzt gerade an einer Arbeit oder putzt die Wohnung, weil endlich mal keine Kinder zwischen ihren Beinen umherlaufen. Trotzdem geht sie ans Telefon. Und hört lange zu.

Eine der von Kast interviewten Frauen begründete dies damit, dass die Gespräche einfach so schön seien, dass alles andere zweitrangig würde. Verena Kast vermutet, dass eventuell eine andere Motivation dahinterstecken könnte:

Die Freundin könnte sich gekränkt und zurückgewiesen fühlen, wenn die andere keine Zeit für sie hätte. In diesem Fall handelte es sich um ein klares Abgrenzungsproblem.

Beides ist nicht einfach auszuhalten. Ich erinnere mich gut an eine Freundin, die während längerer Telefonate – gut, es waren wirklich lange, sehr lange Gespräche – plötzlich zu nuscheln anfing, ganze Satzteile verschluckte, weil sie irgendetwas Essbares in ihrem Mund verarbeitete. Dem Geräusch nach musste es sich mindestens um ein halbes Sandwich gehandelt haben, das sie sich auf einmal in den Mund geschoben hatte. Jedes Mal, wenn ich sie darauf ansprach, wiegelte sie hastig ab: »Nein, nein, lass dich nicht stören davon, ich habe nur seit Mittag nichts mehr gegessen, aber ich will gerne weiter telefonieren.« Andere, wie ich öfter schon zu hören bekommen habe, lassen ihre Mitbewohner oder Partner an der Haustüre klingeln, um einen Besuch vorzutäuschen und das Gespräch zu beenden. Oder simulieren einen Akkuabsturz. Auch nicht schön.

Andererseits: »Ach hallo, du, ich habe jetzt überhaupt keine Zeit für dich, tut mir leid, bis dann, tschühüss!« – Will man das wirklich hören?

Vielleicht nicht in dieser Kürze. Eine meiner besten Freundinnen zum Beispiel sagt aber regelmäßig ganz einfach Sätze wie: »Du, ich muss jetzt aufhören, weil …« Anfangs fand ich es irritierend, so als hätte man mich mit meinem Anliegen mitten im Wald abgesetzt. Mittlerweile aber schätze ich die Ehrlichkeit. Viele gute Frauenfreundschaften enden nicht etwa, weil Grenzüberschreitungen geschehen sind. Wie Kast betont, liegt es oft daran, dass sie nicht

Thema einer Auseinandersetzung werden. Sind die Verlustängste auf beiden Seiten nicht so hoch, droht nicht sofort der Liebesentzug. »Auseinandersetzen, sich wieder zusammensetzen«, so beschreibt Kast den, wie sie es nennt, Lernprozess.

In der Theorie klingt das sehr gut. So erwachsen. So reif.

In der Praxis dürfte es mehr beste Exfreundinnen geben als beste Freundinnen fürs Leben. Neid, Konkurrenz, Eifersucht – das sind die weniger netten Seiten einer besten Frauenfreundschaft. Wenn ich statistisch nicht repräsentativ, dafür ungeschönt, meine eigene Freundschaftsbiografie sowie die in meinem Bekanntenkreis ansehe, kann ich nur sagen: Es ist immer ein schwer bis unlösbares Problem, wenn die beste Freundin plötzlich:

- einen Freund hat (man selbst nicht)
- dieser Freund sogar auch noch Ehemann werden muss
- die beiden zusammen dafür sorgen, dass die beste Freundin nun auch noch ein Kind hat
- einfach nur ein Kind hat
- keinen Freund mehr hat (man selbst aber schon)
- den eigenen Freund als neuen Freund hat (absolute Todsünde!)
- einen neuen, besseren Job hat
- überhaupt einen Job hat, der Geld bringt
- besser aussieht (dem subjektiven Empfinden nach)
- zu viele Tabletten nimmt, zu viel trinkt, zu viel/zu wenig isst.

Minnie, eine meiner vielleicht nicht besten, aber guten Freundinnen während meines Studiums, hatte das Kunststück fertiggebracht, mit nur einem neuen Mann in ihrem Leben gleich sechs Freundinnen zu verlieren. In Wirklichkeit hieß sie anders, aber niemand erinnerte sich an ihren richtigen Vornamen. Bereits im Kindergarten nannten sie alle Minnie, nach der Verlobten von Disneys Mickey Mouse. Sie hatte eine helle piepsige Stimme und war in Relation dazu irritierend groß. Sie überragte mich um einen halben Kopf. Ihre schwarzen Haare trug sie immer zu einem Haarknoten gesteckt. An ihren Füßen glitzerte und glänzte je nach Anlass farblich abgestimmtes Schuhwerk.

Wir hatten uns in einer Kneipe kennengelernt. Sie arbeitete gelegentlich dort. Als sie an einem Abend dreimal ein falsches Getränk an meinen Tisch brachte, kamen wir ins Gespräch. Ein paar Monate später verabredeten wir uns zu einem gemeinsamen Bier, in einer anderen Kneipe. Wie ich dabei erfahren sollte, kellnerte sie eigentlich immer nur dann, wenn sie den Abend nicht mit ihren zahlreichen Freundinnen aus ihrer Heimatstadt verbrachte. In jener Schicht, als sie dreimal meine Bestellung durcheinandergebracht hatte, war sie trotz Arbeit hauptsächlich mit einer dieser Freundinnen beschäftigt. Wie sie mir später erzählte, hatte sie im Minutentakt den SMS-Hilfsdienst bedienen müssen. Denn die Freundin hatte ein massives Problem: Die Mutter hatte sich angekündigt. Nun galt es, der Geschichte von der fleißig studierenden Tochter eine glaubwürdige Kulisse zu verleihen. Minnie war Fachfrau für effiziente Oberflächenreinigung und katalogfähiges Interior Design.

Es hatte etwas Kindliches, aber insgeheim beneidete ich

Minnie um ihren Freundinnenkreis. Im Unterschied zu ihr hatte ich meine Kleinstadt weit hinter mir gelassen. Meine Freunde von damals waren in ganz Deutschland verstreut. Minnie hingegen hatte mit ihrer Clique nur den Schauplatz gewechselt. Sie und die Mädels waren in die Studentenstadt gezogen und lebten dort ihr »Schulmädchen«-Dasein einfach weiter. So nannte es Minnie selbst, ohne Koketterie.

Eines Abends jedoch stand sie plötzlich vor der Tür der Kneipe, in der sie kellnerte, und blies stoßartig Rauchkringel in die Luft. »Musst du gar nicht arbeiten?«, fragte ich, nachdem wir uns zur Begrüßung kurz umarmt hatten. »Pffff«, zischte sie; ich konnte nicht einschätzen, ob es am Rauch lag oder an ihrer schlechten Stimmung. »Was ist los?«, fragte ich weiter. »Ich musste mal raus«, raunzte sie und schüttelte verächtlich den Kopf, »Weiber!« Ich ging nach drinnen und holte uns zwei Fanta, Zucker half schließlich immer, meist besser als Alkohol. Es war bereits dunkel, der Winter kündigte sich an. Ich legte Minnie eine der roten Wolldecken um die Schulter und kuschelte mich dazu. Sie holte tief Luft und sagte: »Also, das glaubst du alles eh nicht, schlimmer als in einer Soap!« Dann begann sie zu erzählen.

Sie hatte sich verliebt. Kann ja passieren, in ihrem Fall löste es ein mittleres Seebeben um ihre Freundschaftsinsel herum aus. Martha, Isi, Bettina, Silke und die beiden Zwillinge Anke und Claudia aus ihrer alten Clique kannten ihren bis dato Freund bereits aus Schulzeiten. Sie mochten ihn. Sie bestanden auf ihn, als zähle er zum Inventar der Freundesgemeinschaft. Minnie mochte ihn nach wie vor, wollte ihr weiteres Leben jedoch mit einem neuen Mann teilen. Einem aus ihrer Sicht in doppelter Weise aufregenderen: Er war Programmierer und zudem Spanier. Und sie zog es durch. Sie trennte sich, im vollsten Wissen, dass sie dies auch von ihren Freundinnen tun würde. »Warum bitte können die das nicht akzeptieren?«, fragte sie mit verächtlichem Unterton. Ich hatte keine Ahnung.

Es klang so anstrengend, dass ich kurz froh war, keine Schulmädchen-Clique hinter mir zu wissen. Wir kauten jeweils ratlos auf unserem Strohhalm in der Fantaflasche herum. Was sollte man da machen? Ich musste an eine Folge der Sitcom *Friends* denken, in der Monica mal wieder ein Date nicht vor ihren WG-Freunden verheimlichen kann und folglich den Mann allen vorstellen muss. Für gewöhnlich hat sich jedes weitere Date nach diesen Zusammentreffen von selbst erledigt. Diesmal ist es anders: Alle sind hellauf begeistert! Monica wird zunehmend skeptisch, ob das der richtige Mann für sie sein könne. Als sie sich schließlich trennt, versinken die Freunde im Liebeskummer und löffeln Kanister von Eiscreme in sich hinein. Eine großartige Strategie eigentlich, um ungeliebte Freunde von Freundinnen loszuwerden: einfach offensiv mögen.

Im studentischen westdeutschen Leben galten noch die klassischen Gesetze: Mit dem falschen Freund gingen die Freundinnen. Im Umkehrschluss bleiben sie beim richtigen treu. Auch bei Minnie bestätigte sich dieses Gesetz. Als sie den spanischen Programmierer samt seinen drei PCs wieder aus ihrer Wohnung verbannt hatte, folgte prompt eine Einladung zu einem Kochabend unter Freundinnen. Das Problem war nur: Minnie hatte eine weitere folgenschwere Entscheidung getroffen. Sie wollte ihr Lehramtsstudium auf keinen Fall beenden, sondern sich auf der Kunstakademie in München bewerben. Das kam aus Sicht der Freundinnen nun einem Verrat am gemeinsamen freundschaftlichen Lebenskonzept gleich.

Ich weiß nicht, was aus Minnies Clique geworden ist. Wir hatten uns in unserer Studentenstadt auch nicht mehr oft gesehen, sie wollte möglichst schnell mit ihrem neuen Leben im Süden beginnen. Heute mailen wir ab und an, nicht best, aber gut freundschaftlich. Sie war mir immer eher Rätsel als vertraut, vielleicht galten daher zwischen uns nicht die gnadenlosen Gesetze, wie sie sonst gerade unter besten Freundinnen gelten: Wer das »Geht mir genauso«-Mantra nicht mehr betet, wird verstoßen.

Die Journalistin Meike Winnemuth greift diesen schönen Begriff in einem Essay im *SZ-Magazin* über fehlende Solidarität unter Frauen auf. Ursprünglich stammt er von der amerikanischen Psychologin Phyllis Chesler, die in ihrer Studie *Woman's Inhumanity to Woman* im Jahr 2002 feststellte, dass Frauenfreundschaften einerseits mythisch überhöht seien als größte Form von Nähe und rückhaltloser Innigkeit, andererseits Konstrukte von hoher Fragilität. Der Grund liege in jenem »Geht mir genauso«-Mantra, das die Freundschaften zusammenhalte: »Freundinnen haben gefälligst allzeit Verständnis, Bestätigung und Trost zu liefern.«

Britische Kolleginnen von Chesler, die Psychologinnen Susie Orbach und Luise Eichenbaum, formulieren es etwas härter: Sie sprechen von einem Klagebündnis, das keine Veränderung erlaube. Alles andere gilt tatsächlich vielen

Frauen als Verrat, da ihre Freundschaften auf dem »Diktat der Harmonie« beruhen, wie Winnemuth es bezeichnet.

Beste Verräterinnen

Eine Frau liegt auf einer Matratze auf dem Boden. Sie blickt prüfend zu der anderen Frau, die sich vor einem Spiegel hin- und herdreht, wippt und den Saum des kurzen bunten Trägerkleidchens zurechtzupft.

NIKE *(auf der Matratze)*: »Er zieht vielleicht bei mir ein.«
Die Gesichtszüge von Katrin vor dem Spiegel frieren ein. Sie schweigt.
NIKE: »Komm, versau uns nicht den Abend, das ändert doch nichts zwischen uns.«
Schnitt. Die beiden fahren durch die Stadt. Schweigen sich an. Kommen irgendwann in einem Klub an. Sitzen nebeneinander und trinken Cocktails.
KATRIN: »Von einer Freundin habe ich was anderes erwartet.«
NIKE: »Du sollst mir Mut machen.«
KATRIN: »Warum sitzen wir hier überhaupt?«
NIKE: »Dann lass uns gehen.«
KATRIN: »NEIN! Ich will bleiben.«
NIKE: »Ich bin nicht so verwöhnt. Es passiert nicht so oft, dass ich mich verliebe.«
KATRIN: »Was ist denn daran Liebe?! Er war fast mein Mörder, haste das vergessen!«
NIKE *(steht auf und geht)*: »Das ist mir echt zu doof.«

Wie es zwischen den beiden Mittdreißigerinnen läuft, wenn es harmonisch und nicht doof ist, zeigt Regisseur Andreas Dresen ganz am Anfang des wunderbaren Films *Sommer vorm Balkon*: Beide teilen hoch oben auf dem Balkon eines Altbaus am Prenzlauer Berg weniger ein Klagebündnis als einen doch hoffnungsvollen Weltschmerz. Nike, die Altenpflegerin, und Katrin, die arbeitslose Alleinerziehende, träumen bei Wodka und Sternenhimmel vom Glück, im Leben nicht einsam zu sein. In diesen Momenten sind sie es nicht. Auch ohne Mann, nach dem sie sich beide sehnen. Als der in ihr beider Leben einrauscht, zuerst Katrin beinahe überfährt und dann schließlich mit Nike eine Affäre beginnt, stimmt zwischen den beiden etwas Entscheidendes nicht mehr: jenes »Geht mir genauso«-Gefühl. Katrin fühlt sich zurückgesetzt. Nike leidet unter der Missgunst.

Es folgen: Alkoholabstürze, ein Psychiatrieaufenthalt sowie enttarnte Abgründe des neuen Chauvis in Nikes Leben: Er ist bereits verheiratet und hat eine Handvoll Kinder von diversen Frauen. In einem unterscheiden sich Nike und Katrin jedoch von vielen alltäglichen besten Freundinnen: Es gibt keinen Abbruch ihrer Freundschaft, sondern nur Krisen. Am Ende trinken Katrin, Nike und ihr Ronald gemeinsam Kaffee. Und Katrin und Nike teilen sich nach etwas Abstand wieder ihren Balkon.

So fantastisch das klingen mag, Regisseur Andreas Dresen hat bei aller wunderbaren Freundschaft die Melancholie nie vergessen, die diese Beziehungsform begleitet: Wie kann man sich wirklich sicher sein, dass die Freundin Freundin ist, und vor allem, dass sie es auch bleibt? Im Unterschied zu den eingeschworenen Frauenbanden, die uns Serien wie *Sex and the City* und neuerdings *Girls* vorführen, ist es bei Nike und Katrin nie so wirklich klar, ob die beiden enge Freundinnen bleiben werden. Es könnte jederzeit kippen.

Die Serien und ihr Erfolg sagen vielleicht mehr über unser Wunschdenken als die Realität. »Freundinnen, das sind die Familie des 21. Jahrhunderts«, so behauptet es Carrie Bradshaw alias Sarah Jessica Parker in *Sex and the City*. So ist es leider nicht. Schon eher haben sich unsere Familien unseren Freundschaften angenähert, im positiven wie im negativen Sinn. Sie sind weniger autoritär und nicht zwangsweise bis ans Lebensende bindend, falls die Beteiligten darunter leiden. Dafür sind sie aber auch fragiler und schneller aufzulösen, wenn das Glücksversprechen nicht mehr trägt. Die Familienbande lässt sich nie völlig lösen. Freundschaft schon. Dazu braucht es keinen Richter oder irgendein Amt.

Wo absolute Harmonie als Grundlage der Beziehung gilt, ist das Ende der Freundschaft bei Disharmonien nur logische Konsequenz. Man suche sich lieber »neue Freundinnen, die in ähnlichen Lebensumständen stecken und die Verständnismaschine wieder neu befeuern«, wie es Meike Winnemuth beschreibt. Die Gründe für diese Disharmonie sind mit Sicherheit oftmals so individuell und subjektiv wie es jede Freundschaft per se auch ist.

Die äußeren Umstände, die zu weniger Harmonie führen oder die einvernehmliche Existenz sogar zerstören können, sind jedoch objektivierbar. Insbesondere im Lebensabschnitt zwischen 30 und 40 Jahren, in dem Frauen sowohl

Familie als auch Beruf und eventuell sogar Karriere verwirklichen wollen – und es eigentlich auch könnten, da sie abgesicherter sind als noch Mitte 20 –, gehen viele bisherige Freundschaften in die Brüche.

In den meisten Fällen heißt die eine Veränderung, die zu viel für die Freundin ist: Lena, Paula, Max oder Tobias. Meist guckt sie mit großen Kulleraugen ins Leben der Freundin und versaut ihr mit breibeschmierten Tapsehänden bei der ersten Begrüßung gleich das Leinenjackett – falls es überhaupt zu einem Treffen kommt. Viele Freundinnen ziehen sich schon während der Schwangerschaft zurück. Oftmals gar nicht aus Boshaftigkeit oder Neid. Schlichtweg aus Überforderung und einem Gefühl, nicht mehr an erster Stelle bei der Freundin zu stehen, zumindest was die fürsorgliche Seite der Beziehung angeht.

Dabei beschreiben viele Frauen gerade die Zeit der Schwangerschaft, vor allem der ersten in ihrem Leben, als eine Phase, in der sie ihre beste Freundin mehr bräuchten als zuvor. Dennoch fühlt sich die so weit weg an wie zuvor selbst im Urlaub am Ende der Welt nicht, obwohl sie vielleicht nur zwei Kilometer entfernt lebt. Es ist plötzlich so, als hätte sich ein Fluss dazwischen gegraben und niemand eine Brücke darüber gebaut. Mit Sicherheit ist das für beide keine schöne Situation. Eine meiner Bekannten knappst immer noch an dieser Erfahrung. Als sie mit ihrer ersten Tochter schwanger war, kühlte sich das Verhältnis zu ihrer Freundin schnell ab. Als die Wehen einsetzten, war ihr Mann nicht in der Stadt. Sie fuhr alleine los in die Klinik. Was sie nicht wusste: Ihr Mann hatte unterdessen die Freundin kontaktiert und sie um Hilfe gebeten. Ob sie nicht bitte in die Klinik kommen könne und seiner Frau beistehen, er schaffe es nicht rechtzeitig. Man muss sparsam mit dieser Bewertung sein, aber hier handelte es sich definitiv um einen SUPERGAU im Freundschaftsleben. Auch wenn er unabsichtlich ausgelöst wurde.

Als der Mann schließlich im Kreißsaal angekommen war, traf er im Flur vor dem Zimmer seiner Frau auf eine völlig verstörte Freundin, die sehr blass um die Nase aussah und sich schnell verabschiedete. Die zwar überaus glückliche Mutter im Zimmer schämte sich lange dafür, dass ihre Freundin offensichtlich in eine ihr sehr unangenehme Situation geraten war. Gleichzeitig war sie traurig darüber, dass sie sich über die benötigte Freundinnen-Hilfe schämte.

Ich persönlich erinnere mich noch gut, als sich eine meiner besten Freundinnen eines Nachmittags mit mir in unserem Stammcafé verabredet hatte und schon bei der Begrüßung alles anders war als sonst. Ich wunderte mich kurz über dieses mir bis dahin unbekannte Strahlen in ihren Augen. Es war sehr ungewöhnlich. Denn es war Winter, und in dieser Jahreszeit lag meist ein eher verfrorener Schatten über ihrem gesamten Gesicht. Als wir uns gesetzt hatten, sagte sie ohne Umschweife: »Ich gebe ein Glas Sekt aus!« Es war 16 Uhr. An einem gewöhnlichen Werktag. So leise ahnte ich, dass es eventuell um eine größere Sache gehen musste. Vielleicht hat sie einen *supertollenüberausgutbezahlten* Job bekommen, dachte ich noch kurz. Bis sie zu ihrer Erklärung ansetzte: »Also, ich bin schwanger!« »Ach!«, rutschte es mir heraus. »Ähm, schön!«, schob ich schnell nach. »Sehr schön, das freut mich!« Es war nicht gelogen, aber auch nicht ehrlich. In Wahrheit hatte ich ein leichtes Ziehen in der Magengegend. Und nur mein Kopf freute sich mit ihr. Es war ein seltsames Gefühl zwischen Freude und – ja was, genau? Enttäuschung? Heute würde ich sagen, eher einer Skepsis, nicht ob sich die Freundschaft nun ändern würde, das schien mir automatisch der Fall zu sein. Ich war unsicher, ob wir beide mit der Veränderung mitkommen würden. Wie oft es beide tolerieren könnten, dass eine Einladung zu einer Party abends ausgeschlagen wird, weil man als Schwangere und später dann als Mutter:

- keinen Alkohol trinkt und keine Zigaretten raucht
- müde ist
- keinen Babysitter hat
- keine Lust hat, auf einer Party zu stehen und keinen Alkohol zu trinken, keine Zigaretten zu rauchen, müde zu werden und das Babyfon bei den Nachbarn pünktlich vor Mitternacht wieder auszulösen.

Seit der Geburt meiner Tochter, genauer gesagt, seit der Schwangerschaft kenne ich beide Seiten. Das macht es leider nicht besser. Im Gegenteil: Es kommt mitunter vor, dass ich all diese Mütter und den Druck, der auf all uns Müttern lastet, viel zu anstrengend finde. Gleichzeitig aber all die notorischen Ausgeher für wahnsinnig oberflächlich halte, während ich gerne wieder 20 wäre und mich einfach mal unerhört verantwortungslos mit Alkohol zuschütten würde, weil die Party einfach danach ist. Kompliziert? Das wäre noch untertrieben. Gut, dass eine meiner besten Freundschaften seit dem Sekt im Stammcafé gehalten hat. Ich würde fast sagen – psst, Frau Winnemuth, bitte weghören: Ihr geht es genauso.

Die US-Soziologin Marla Paul beschreibt in ihrem Buch nicht nur Kinder und Mutterschaft als größte Feinde der Frauenfreundschaften – auch Scheidung, berufliche Überlastung sowie Umzüge führten oft zum Ende der Vertrautheit. Nicht selten erleben Frauen die Abbrüche von Freundschaften als Drama. Der Verlust wiege vor allem deshalb schwer, so Paul, da Frauen heute in der Annahme aufwachsen, dass Freundschaft von Geburt an eines ihrer Grundrechte sei. »Wenn wir keine haben, oder nur wenige, dann fühlen wir uns, als hätten wir in einer existenziellen Lebensfertigkeit versagt oder als habe uns das Universum unerhört übers Ohr gehauen.«

Grund dafür sind Paul zufolge nicht nur die Serien und Filme, die den Wert der Freundschaft unter Frauen überhöhen, sondern vor allem die vererbte Erfahrung der eigenen Müttergeneration. Was Paul für die USA beschreibt, gilt abgemildert mittlerweile auch für Europa und Deutschland. Die Elterngeneration der heute 30- bis 40-Jährigen war weniger mobil, wurde dazu auch weniger gezwungen, sie war einer geringeren Arbeitsbelastung ausgesetzt, die Phasen der Freizeit waren klarer abgegrenzt. Dadurch wurde eine alltägliche Vertrautheit möglich, die Paul und viele andere Frauen, die ihr geschrieben hatten, heute vermissen: Alle waren sich näher, verbundener, die Mütter stellten nach dem Abendessen einfach ihre Stühle auf die Einfahrten vor den Häusern und unterhielten sich. Heute in unserer mobilen, flexiblen und schnelllebigen Zeit verschwänden alle nach Feierabend mit ihren Minivans in den Garagen.

Da Paul zu den Optimistinnen zählt, sieht sie in den

heiklen Lebensveränderungen jedoch nicht zwangsweise das Ende von Freundschaften. Im Kapitel »Can Friendship Survive Kids?«, zu deutsch: »Kann Freundschaft Kinder überleben?«, zählt sie jeweils fünf Tipps für Mütter und Nicht-Mütter auf, wie es klappen kann. »Geduldig sein« ist zum Beispiel so einer – für Nicht-Mütter. Ein anderer: »Erkennen Sie an, dass die Termine ihrer Freundin auch wichtig sind, sie kann sich nicht immer nach Ihnen richten.« – für Mütter. Alles in allem klingen diese und andere Ratschläge ein wenig naiv. Auf längere Sicht ist dieses rücksichtsvolle Leben für beide zu anstrengend. Vielleicht auch zu künstlich. Schon eher greift der Reflex, neue Freundinnen zu suchen. Vor allem unter Müttern, die in anderen Müttern, schneller als einem lieb sein kann, ihre neuen »Geht mir genauso«-Verbündeten sehen.

Gerade in dieser Lebensphase haben viele Frauen ein noch größeres Bedürfnis nach selbstversicherndem Rückhalt einer sehr guten, engen Freundin als in ihrer Jugend. Die Ethnologin Margret Hansen hat in ihrer narrativen Befragung von 15 Frauen im Alter von 35 bis 55 Jahren herausgefunden, dass Freundschaften im Laufe des Lebens in verschiedenen Hinsichten ihre Qualität verändern und sich damit auch die Freundschaftsauffassung von Frauen wandelt. Bei den Mädchenfreundschaften waren den Befragten vor allem Gegensätzlichkeiten in Erinnerung geblieben. »Über eine Freundin bot sich den Mädchen die Möglichkeit, ein anderes Lebensumfeld genauer kennenzulernen.«

Später im Leben, wenn Frauen in Familien leben, stünde vor allem in den Gesprächen der Freundinnen die Problematik der Vereinbarkeit von Beruf, Familie, Partnerschaft mit den persönlichen Bedürfnissen als Frau und Individuum im Zentrum. »Für einen solchen Austausch spielt es deshalb eine Rolle, ob die Freundin ähnliche Lebenssituationen durchlebt hat und folglich über ähnliche Lebenserfahrungen verfügt«, so Hansen. Grundsätzlich beobachtet die Ethnologin einen gesellschaftlichen Spagat, den Frauen spätestens mit Kindern üben müssten. Für die meisten heißt das, unterschiedliche eigene Ansprüche zu koordinieren: den der romantischen Liebe und der weiblichen Attraktivität, den der Kindererziehung mit gleichzeitiger Fürsorglichkeit und ausgewiesenen Managerqualitäten, den der Berufstätigkeit mit stets aktualisiertem Wissen und zweckorientiertem Einsatz.

Wie kommt dabei die Freundin ins Spiel? Zumindest dem Ideal vieler Frauen nach bietet sie einen Gegenpol zur so häufig eingeforderten Zweckrationalität. Sie steht für den Versuch, im Austausch zu einer Identität zu finden, die nicht alle unterschiedlichen Rollen im Leben einer Frau trennen muss. So weit das Ideal. In der Realität sieht es immer noch häufig so aus, dass Frauen den inneren Konflikt zwischen emotionalen und intellektuellen Ansprüchen innerhalb der eigenen Psyche lösen. Sie ordnen den Verstand unter und übernehmen innerhalb der Familie oft auf Kosten des Einsatzes intellektueller Fähigkeiten die Rolle der emotional Verantwortlichen. Oder umgekehrt: Sie verzichten lieber auf Familie. Und suchen sich gegebenenfalls die neuen, passenden besten Gefährtinnen.

Vielleicht habe ich bis heute ganz einfach große Sorge, dass mit meinem Umzug nach Hamburg eine Veränderung eintreten würde, der nicht alle besten Freundinnen folgen würden. Umgekehrt habe ich ja auch eine gewisse Verpflichtung ihnen gegenüber, oder nicht? Wäre es nicht unfair und ein einseitiger Beschluss, einfach die Stadt zu verlassen? In den meisten Fällen, die mir bekannt sind, führt die räumliche Entfernung trotz Internet und Videotelefonie zu größerer Fremdheit. Und schließlich: Was bitte machte ich, würde ich in Hamburg für längere Zeit auf keine neuen Gefährtinnen treffen? Je älter Frauen werden, desto weniger aufgeschlossen zeigen sie sich anderen gegenüber. Das war auch eine der Erfahrungen, die Marla Paul häufig heraushörte.

An manchen Abenden versuchte ich, das alles meinem Mann plausibel zu machen. Als Erklärung für meine Umzugsphobie. Er hörte sich das alles geduldig an. Oft nickte er aufmerksam. »Mh, ja, na klar, verstehe. Ja.« Mehr musste ich allerdings auch nicht hören, um sofort zu wissen: Er hat keine Ahnung, wovon ich spreche.

»Wie ist das denn bei dir eigentlich?«, fragte ich schließlich. »Was denn?«, fragte er zurück. »Na, deine Freunde, würden die bei dir auf einer Liste ganz oben stehen?« »Hm«, brummte er.

Beste Kumpel

Projekt fürs Leben: Die wichtigsten Männer im Leben eines Mannes

Ein Mann im Anzug sitzt auf einem Stuhl, streicht mit dem Bogen über sein Cello. Vor ihm auf dem Tisch steht ein Foto. Es zeigt, in Schwarz-Weiß, den Kopf eines anderen Mannes. Das Cello wimmert und verstummt schließlich. Der Mann singt:

Du warst nach mir der beste Mann im Lande
Wer machte dich stumm?
Wer machte dich stumm?

Nun bist du Opfer einer Gangsterbande
Wer legte dich um?
Wer legte dich um?

Wir waren Freunde
Dein Feind war auch mein Feind
Es können nur Männer verstehn
was uns Männer vereint!

Der Mann auf dem Foto schließt die Augen und nickt: »Kopf hoch, Max.«

Der Mann am Cello, Privatdetektiv Max Müller, steht auf, stellt das Instrument in die Ecke und singt weiter: davon, dass er seinen wahren Freund rächen werde, dass er vor seinem Freund sogar mal geweint habe, dass nur Männer verstehen könnten, was die Männer vereine.

Zum Glück bin ich kein Mann. Nach allem, was ich von der kleinen Songeinlage verstehe, die der Privatdetektiv Max im Film *Müllers Büro* anstimmt, muss das Leben als männlicher Freund unendlich anstrengend sein. Seine engen Vertrauten erkennt er am gemeinsamen Feind, nicht etwa nach vertraulichen Gesprächen. Seine Pflicht ist es, diesen Freund zu rächen, falls einer der gemeinsamen Feinde über Gebühr aggressiv geworden war. Egal wie erfolgreich diese Rache ausgeht: Am Ende steht er einsam und alleine da. Oder ist selbst tot.

Das ist nun aber etwas übertrieben? Kommt auf die Perspektive an. Einerseits ist Max Müllers Ode an die Männerfreundschaft nach dem Sänger Marty Brem nichts weiter als eine schöne Rezitation alter Stereotype. Wie so oft haben aber auch diese Stereotype einen bis heute nachvollziehbaren Kern.

Es können nur Männer verstehn
was uns Männer vereint!

Ich bin kein Mann und kann das somit schon mal bestätigen. Mir fallen sofort etliche Szenen ein, in denen ich wie eine Theaterzuschauerin Zeugin einer mir völlig rätselhaften Interaktion wurde. Während einer Reise nach Finnland zum Beispiel. Wir waren eine kleine Gruppe junger Journalistinnen und Journalisten, die zu Beginn ihres Berufslebens von der finnischen Wirtschaft eingeladen worden waren. Wir durften deren Erfolgsgeschichte vor Ort begutachten. Damals gab es noch keine i- und sonstige Smartphones. Die meisten hatten ihr Handy eines damals sehr angesagten finnischen Herstellers bei sich. Das Mobilfunkgeräteunternehmen passte perfekt in das globale Wirtschaftszusammenwachstum der späten Neunzigerjahre: Bevor Nokia in einem kulturellen Kraftakt umstrukturierte und fortan auf Handyproduktion setzte, hatte es Klopapier und Gummistiefel hergestellt.

Wir besichtigten folgerichtig als Erstes die Hightech-Firmenzentrale und ließen uns bei feinsten Pralinés in einem Folienvortrag den Wandel des Unternehmens vermitteln. Die meisten von uns schwiegen. Auch keiner von den Jungs wollte mit seinem Fachwissen hervortreten, als uns die neuesten, noch brandgeheimen Modelle vorgeführt wurden. Die Geschichte war einfach zu gut. Wie jedes europäische Land war aber auch Finnland sehr daran interessiert, sich nicht nur als progressiver Wirtschaftsplayer darzustellen, sondern auch als ehrwürdige Kulturnation. Eines Nachmittags fanden wir uns somit im Olympiastadion in Helsinki wieder und bestaunten leere Ränge, grünen Rasen sowie die sattrote Aschenbahn. Die Sonne schien. Ein leichter Wind spielte mit unseren Haaren. Es war ganz still. Viele von uns mussten ein Gähnen unterdrücken. Nur zwei Jungs drehten urplötzlich auf.

»1983, WM, Carl Lewis machte die hundert Meter noch über zehn Sekunden. Und gewann Weitsprung-Gold! Wahnsinn.«

»Aber nicht die zweihundert. Gold für Calvin Smith.«

»Die DDR schaffte bei der Vierhundert-Meter-Staffel keine Medaille, Platz vier.«

»Ja, aber vor der BRD, die kam nur auf fünf.«

»Aber Ulrike Meyfahrt gewann Silber im Hochsprung, ein Meter neunundneunzig!«

Es folgte Name um Name. Zahl um Zahl. Mittlerweile standen wir zu viert um die beiden herum und grinsten nicht nur, sondern bekamen laute Lachanfälle. Die beiden ließen sich nicht stören. Als sie das Leichtathletikturnier durchhatten, kamen sie nahtlos auf die Fußball-WM 1986. Ich will nun nicht behaupten, dass es sich bei dieser Szene um den Beginn oder den Beleg einer wunderbaren Freundschaft gehandelt hätte. Das hätte ich bei aller Skurrilität sogar noch nachvollziehen können. Es war komplizierter.

Als Tim, einer der beiden, später im Bus neben mir saß, nutzte ich die Gelegenheit und fragte nach. »Was war das denn eben?«, setzte ich an und bemühte mich eher erstaunt als amüsiert zu klingen. »Wolltet ihr mal abstecken, wer die meisten Sportdaten auswendig gelernt hat?« Tim runzelte die Stirn und sagte nur: »Du, der Michi ist echt in Ordnung, hätte ich gar nicht gedacht.«

Wenn ich es richtig verstanden hatte, wurden wir also Zeugen eines Sympathietestlaufs. Keiner von beiden wollte sich am Ende als der Besserwissende profilieren, ganz im Gegenteil. Jeder von beiden hatte sichtlich Spaß am gemeinsamen Wissen, das sie aufgrund des Hobbys »Sportereignisse verfolgen« gesammelt hatten wie andere männliche Wesen Schallplatten oder Matchboxautos. Soweit ich weiß, sind die beiden keine engen Freunde geworden. Aber sie hätten spätestens von diesem Zeitpunkt an wohl die Chance dazu gehabt.

Damals war mir das noch nicht so klar. Kein Wunder, ich konnte mich auch noch nicht an einen Kollegen wenden, wie ich das heute manchmal tue, wenn es um Fragen bezüglich *der* Männer geht. Matthias Lohre beantwortete zweiwöchentlich in seiner *taz*-Kolumne die Frage, was moderne Männer umtreibt und vor welchen Schwierigkeiten diese neuartigen »Milden Kerle« stehen. Vergangenes Jahr gab er in seinem gleichnamigen Buch einen kompakten Überblick darüber – einen wohlgesinnten, auch für Frauen.

»Sport und Hobbys sind willkommene Möglichkeiten, mit anderen Männern in Kontakt zu treten, ohne ihnen zu nahezukommen«, so erklärt Lohre Szenen wie jene im Olympiastadion. »Gemeinsam erlebte Erfolge und Niederlagen oder die geteilte Freude an Hobbys ermöglicht es Männern, sich mit anderen Menschen verbunden, ihnen aber nicht zu sehr verpflichtet zu fühlen.« Am Ende sei es eine Frage der Autonomie, die nach unserer Vorstellung, auch der der Frauen, eng mit Männlichkeit verbunden ist. In jenem speziellen Fall des Austauschs sportlichen Wissens kommt nach Lohre ein weiterer Aspekt hinzu: »Männer lieben es, sich irgendwo auszukennen. In dazu passenden Hobbys können sie sich als kompetent erleben.«

Nach den Maßstäben von besten Freundinnen handelt es sich bei dieser Art Gespräche um vieles, aber keinen vertraulichen Austausch. Daraus den Schluss zu ziehen, Männer sprächen mit Freunden oder ihren Kumpels nie vertraulich, wäre jedoch grundfalsch. Sachkundige beschreiben eher einen freundschaftlichen Prozess, der unter Männern stetig ablaufe. Es handelt sich dabei um eine komplexe Verbindung aus Tun und Reden. Das eine bedingt das andere. Beides baut aufeinander auf.

Der Soziologe Steve Stiehler hat für seine Doktorarbeit 16 Männer im Alter zwischen 30 und 45 Jahren nach ihren Freundschaften befragt. Die Untersuchungsgruppe wurde nach folgenden Kriterien zusammengestellt: Alle Männer waren heterosexuell. Sie lebten zu einem ausgewogenen Anteil in einer Zweierbeziehung, alleine oder hatten Familie. Alle stammten aus dem Mittelschichtmilieu einer sächsischen Großstadt. Stiehler versuchte, sich bei seiner Studie auf den männlichen Diskurs zu konzentrieren. Denn meist, so seine Kritik, würden die Freundschaften unter Männern im Vergleich zu denen der Frauen bewertet – was nichts anderes bedeute als abgewertet. Galten früher Männer als das freundschaftsfähige Geschlecht, so ist es heute komplett gegenteilig. Für gewöhnlich wird nun Frauen die Emotionalität zugeschrieben, die man für enge Freundschaften voraussetzt.

Stiehler geht jedoch von einer Annäherung beider Geschlechter aus, die er vor allem in der Bedeutung von engen persönlichen Beziehungen sieht: Personale und soziale Selbstvergewisserung sei auch bei Männern zu einer wiederkehrenden Bewältigungssache geworden. »Männer trifft dies durch ihre von Außenorientierung dominierte Auseinandersetzung mit sich und anderen Personen besonders«, so Stiehler. Genau da kommen die Freunde ins Spiel. Sie unterstützen sich gegenseitig in mal loseren, mal engeren Verbindungen dabei, das Leben als moderner Mann zu bewältigen.

Denn der digitale Kapitalismus, wie Stiehler ihn bezeichnet, stelle nicht nur Frauen vor ein neuartiges Vereinbarkeitsdilemma. Auch Männer sind mit einer Auflösung des tradierten Männlichkeitsbildes konfrontiert: Einerseits sollen und wollen sie weiterhin ihrer Rolle als Ernährer nachkommen, andererseits wollen und dürfen sie sorgende, pflegende Väter sein. Während sich früher der Status aus dem gepflanzten Baum, dem gebauten Haus und dem gezeugten Sohn sowie dem all das ermöglichenden Job ableiten ließ, gibt es heute zahlreiche Rollenbilder für Lohres »Milde Kerle«. Stiehler spricht von einer krisenhaften Entgrenzung der Männlichkeit(en) vom Normalarbeitsverhältnis.

Ich erinnere mich noch gut an eine kleine »Tour«, zu der mein Mann vor einigen Jahren an einem verlängerten Wochenende aufbrach. Er wollte einen alten, guten Freund besuchen, der nach seinem Studium in Süddeutschland arbeitete. An jenem Wochenende feierte eine legendäre Weinhandlung am Ort Tag der offenen Tür, ein kleines Sommerfest mit Weinverkostung. Beide teilen eine große Begeisterung für Wein. Mein Mann bestand darauf, alleine zu fahren. Das ist kein gutes Zeichen, dachte ich sofort. So falsch lag ich gar nicht. Wie sich jedoch herausstellen sollte, hatte die Eigenaktion weniger mit mir zu tun. Unter Ausschluss der Frauen, und sei es eben der eigenen – das war die Bedingung für ein Gespräch, bei dem es nicht nur um den Glanz der aktuellen Lebenssituation ging, sondern auch um (Selbst-)Zweifel.

Das schließe ich jedenfalls aus seiner Erzählung über das Wochenende. Das Fest und die Menschen waren wohl ganz nett. Mein Mann hatte sechs hochkarätige Flaschen Wein erstanden und in gebotener Vorsicht nach Berlin transportiert. Nach einer halben Stunde Gespräch wusste ich sehr viel über die Weingüter, über italienische und französische Trends, über den Qualitätssprung, den deutsche Weine in den vergangenen Jahren gemacht hätten. Dann unterbrach ich ihn ungeduldig: »Na, und wie war es denn mit Klaus?« »Ach ja, ganz nett.« »Nett«, wiederholte ich. »Ist es dir unangenehm, wenn ich frage?«, fragte ich. »Nö, wieso?« Gegenfragen waren ein beliebtes Stilmittel. Dicht gefolgt von dem Einschub: »Da muss ich erst mal drüber nachdenken.« Ich gab auf und fragte eher zum Ausklang noch, was sie sonst so gemacht hätten an dem Wochenende.

Da begannen die Augen meines Gegenübers zu leuchten, und er antwortete unvermittelt: »Eine professionelle Weinprobe, am Abend vor dem Fest.« Es sprudelte nur so aus ihm heraus, während er immer wieder aufsprang und aus dem Küchenschränkchen Kaffeepulver, Schokoladen, Pfeffer, Zimt und diverse andere Gewürze anschleppte. So hatten sie es auch an dem Abend gemacht. »Man nimmt einen Schluck des Weins, und dann riecht man an den Gewürzen und Duftnoten. So kann man testen, welche Noten man herausschmeckt. Geschmack ist ja sehr individuell.«

Ich aß ein Stück Schokolade, um meinen Geschmack zu

trainieren, und fragte doch noch einmal nach: »Wie gefällt denn Klaus sein neuer Job?« »Ja, das ist schon okay«, meinte mein Mann. »Er würde aber auch Sommelier in unserem Weinbistro machen! Wir haben schon die Speisekarte besprochen, es gäbe sieben Gerichte. Zwei Vorspeisen, drei Hauptgänge, zwei Nachspeisen. Fundiert, regional, mit Raffinesse. Kleine Karte, der Wein steht im Mittelpunkt. In der Mitte des Raums steht eine Weinpyramide, ich würde kochen, Klaus die Leute beraten. Klaus sagt immer: ›Man muss am Tisch arbeiten, nah am Kunden. Alles erklären, ohne auf die Nerven zu fallen.‹« »Aha«, antwortete ich etwas erstaunt. »Euer Bistro? Das habt ihr jetzt beschlossen?« »Na ja, ja, während der Weinprobe halt bisschen besprochen.« Er klang plötzlich etwas verunsichert und sah nachdenklich aus, ganz so, als überlegte er, ob er nun ein vertrauliches Gespräch ausgeplaudert hätte.

Es handelte sich genau um das: etwas Vertrauliches. Denn hinter dem Traum, gemeinsam einen Laden zu eröffnen, stand bei beiden nicht nur die Sehnsucht nach einem eigenen Geschäftsprojekt, um sich zu beweisen. Der Traum stand vielmehr für die Unzufriedenheit im jeweils aktuellen Job, die beide umtrieb. Hinter der Unzufriedenheit lauerten nicht nur Zweifel am Arbeitgeber, sondern Selbstzweifel an der Sinnhaftigkeit der Berufswahl, des eigenen Könnens und der eigenen Arbeitsbedürfnisse. Ich würde lügen, wenn mir Letztere nicht auch vertraut wären. Am Ende geht es allen um ein ähnliches Problem. Männer stehen dabei nur vor einem Dilemma, das Frauen in der Form nicht haben: Wie und mit wem findet sich ein emotionaler Austausch darüber?

Matthias Lohre macht dafür vor allem das gesellschaftlich prägende Bild vom Mann verantwortlich, zu dem immer noch der Erfolg und die Durchsetzungsfähigkeit im Alltag gehöre. »Sich mit Problemen an einen anderen Mann zu wenden beinhaltet ja auch immer die Furcht, als Versager angesehen zu werden: Da ist jemand wohl nicht Herr im eigenen Haus.« In der Folge gerieten viele Männer in einen Teufelskreis: »Die Probleme wachsen, der psychische Druck steigt, und dadurch wachsen die Probleme weiter«, so Lohre.

Hinter diesem traditionellen Bild verbirgt sich die Annahme, dass Männlichkeit als Gegenteil von Weiblichkeit zu definieren sei. Viele Jungs werden mit dem Ziel sozialisiert, »sich emotional von ihrer Mutter zu distanzieren«, so Lohre, »und damit von allem, was sie als mütterlich verstehen: Empathie, Rückzug, Weichheit.« Unbewusst führe dies zu einem Gefühl der Niederlage, falls dennoch weiche Seiten oder emotionale Bedürfnisse ausgelebt würden. »Da ist wohl einer ein ›Muttersöhnchen‹ oder ›Schlappschwanz‹.«

Erschwerend kommt hinzu, dass Freundschaftsbekundungen wie innige Umarmungen oder gar Küsschen unter Männern weitgehend immer noch tabu sind. Jenseits urbaner Räume wie Berlin oder auch Hamburg lässt der Verdacht der Homosexualität nicht lange auf sich warten. Und wie der Ausdruck »Verdacht« nahelegt, bedeutet er für die Beteiligten nichts Gutes. Auf dem Land ist man immer noch besser Mann, der nicht spricht und keine sensible Regung zeigt, außer beim Anblick seines neuen Autos oder des Kontostands. Selbst Vorzeigefreunde wie Asterix und

Obelix oder auch Ernie und Bert bekommen das nach wie vor zu spüren. »Die sind doch schwul!«, so lautet oft genug noch der erste Reflex – bei Männern und Frauen.

Dabei existieren längst unterschiedliche und durchaus konträre Formen des Mannseins. Der Soziologe Stiehler geht davon aus, dass sie sogar »innerhalb jeder maskulinen Persönlichkeit rivalisieren, was der verbreiteten Vorstellung einer uniformen Männlichkeit widerspricht«. Asterix und Obelix sind in der Hinsicht beinahe schon Paradeexemplare, denn beide für sich alleine genommen wären eben nur halbe Helden. Sie zeigen emotionale Seiten, sie haben Angst oder Fressattacken, sie ergänzen sich aber in ihren Stärken und Schwächen so gut, dass sie als Heldenpaar Mal für Mal das gallische Dorf vor den Römern retten.

Die populärpsychologische Forschung ignoriert diese Vielfalt lieber und geht weiterhin von einem eingeübten Unterschied zwischen den Geschlechtern aus: Frauen pflegen Face-to-Face-Freundschaften, in denen der vertrauliche und emotionale Austausch zur Selbstvergewisserung im Fokus steht. Männer hingegen leben sich in den sogenannten Side-to-Side-Freundschaften aus. Sie treiben zum Beispiel gemeinsam Sport, unternehmen etwas und wollen nicht mehr, als sich gegenseitig praktische Hilfe zu leisten. Sie leben demnach eher wortkarg nebeneinander her, vertreiben sich mit Projekten aller Art die Zeit und begießen die Ergebnisse abends in der Kneipe. Oder, mit den Worten der Männerexpertin Katrin Wilkens in einem Artikel im *Handelsblatt* ausgedrückt: »Durchsaufen, Fußball spielen oder zum Doppelkopf-Spielen nach Irland fahren: Das Miteinander-Machen ist für Männer wichtiger als das Miteinander-Reden.« Betrunken sprechen sie vielleicht auch miteinander, was sie letztlich aber nur unter Sexismusverdacht bringt – denn was könnten das sonst schon für Gespräche sein?!

Diese Stereotype halten sich hartnäckig, sie prägen das Männer(selbst-)bild immer noch. Das liegt nicht nur an der Ignoranz vieler Frauen, die immer noch gerne »die Kerle« in die bewährt zu kritisierenden Schubladen schieben wollen. Oder gar an Männern, die sich aus Trotz gegen feministische Bewegungen dem Maskulismus anschließen. Zu einem großen Teil haben diese Stereotype einen kulturhistorischen Kern, der bis heute seine Wirkung zeigt.

Denn am Anfang der Freundschaften unter Männern war tatsächlich weniger das Wort, sondern immer eine Aktion. Bis Philosophen wie Aristoteles oder Platon die Frage nach der echten und vor allem guten Freundschaft stellten, galten in der Antike heroische Gesetzmäßigkeiten. Wer mit seinem Schiff, vorzugsweise als Einzelkämpfer, aufbrach, um nicht nur sein Reich, sondern seine Verbündeten mit dem Einsatz seines Lebens zu retten, war nicht nur ein Held. Er war ein guter Freund.

Dieses Verständnis hallt noch bei deutschen Nationaldichtern nach. Schiller etwa lässt in seiner Ballade »Die Bürgschaft« einen Freund für einen gescheiterten Tyrannenmörder bürgen, der vor seinem Tod noch kurz etwas Wichtiges zu erledigen hat – es geht um eine Frau. Falls er nicht zurückkehrt, stirbt der Freund. Die Handlung nimmt ein paar Umwege, klar, sonst wäre das Leben als Freund ja ein leichtes und nicht heroisch. Die Rückkehr des versuchten Mörders verzögert sich dadurch, aber er schafft es schließlich. So viel Freundesdienst wird selbstverständlich belohnt: Der König begnadigt beide Freunde.

Der Berliner Analytiker und Neurologe Horst Petri geht davon aus, dass die Konnotation der Männerfreundschaft als aufopferungsvolles Treuebündnis heute unbewusst als Sehnsucht weiterwirkt. Kein klar denkender Mensch würde in unserer aufgeklärten Moderne von Männern verlangen, dass sie sich opfern um eines höheren Wertes willen, der da Freundschaft heißt. Sie leben es zivilisierter aus und bewundern ihre Helden in Sportarenen oder auf Bühnen. Petri zitiert den Schauspieler Mario Adorf, der in einem Interview eingestand, dass er persönlich nur wenige Freunde habe, weil er nicht in der Lage sei, Gefühle zu zeigen. Als berührenden Moment einer Freundschaft nannte Adorf eine Szene auf einer Theaterbühne: jenen Moment, als sich in Shakespeares Stück *Julius Caesar* die Freunde Cassius und Brutus gegenseitig bitten, sich das Schwert in die Brust zu stoßen.

So unbewusst diese Sehnsucht wirken mag, die Folgen beeinflussen die Freundschaften unter Männern sehr real. Petri geht davon aus, dass sie zu einer problematischen Idealisierung führt. So geben Männer im Allgemeinen bei Untersuchungen mehrheitlich an, keine Freunde zu haben, mit denen sie Vertrauliches teilen. Er beruft sich auf eine Studie, in der nur 14 Prozent der Männer dies bejahen. Die anderen stünden in der Tradition des antiken Philosophen Aristoteles, der seinerzeit am Ende seiner Hochadelung der Freundschaft nur noch seufzen konnte: »O meine Freunde, es gibt keine Freunde!«

Petri erklärt dies unter anderem psychoanalytisch. Zwar

habe Sigmund Freud keine spezielle Theorie zu Freundschaften aufgestellt, gebe aber in seinem Werk *Das Unbehagen in der Kultur* einen Hinweis darauf, weswegen enge persönliche Beziehungen unter Männern so selten existierten. Freud geht davon aus, dass das Gebot »Du sollst den Nächsten lieben wie dich selbst« den Menschen vor ein unlösbares Problem stellt. Denn der Narzissmus stehe dem grundsätzlich im Wege: Demnach verdiene dieser Nächste die Liebe nur, wenn er »mir in wichtigen Stücken so ähnlich ist, dass ich in ihm mich selbst lieben kann«. Unter dieser Voraussetzung führt die Idealisierung der eigenen Person unweigerlich zur Idealisierung der Freundschaft, bis hin zu ihrer Unmöglichkeit.

Der Prozess ist ähnlich wie in der romantischen Form der Liebe, auch wenn er homosozial ausgerichtet ist und ohne sexuelle Fantasien auskommt. Kulturhistorisch fällt er in die gleiche Zeit: Mit der Aufklärung tritt das Heroische zwischen Freunden in den Hintergrund. Rational sind Treue- und Freundschaftsbeweise wie etwa die Blutsbrüderschaft von Winnetou und Old Shatterhand ja auch schwer zu begründen. Freundschaft steht fortan vielmehr im Mittelpunkt eines Kulturprojekts: Der Mensch sollte nicht nur humaner leben, sondern auch ästhetisch gebildeter und mündiger. Eben jene Betonung des Rationalen führte im 18. Jahrhundert gleichzeitig zu einer gegenläufigen Entwicklung: der kultivierten Emotionalisierung, vor allem unter Männern. Sie begannen, sich in Bünden zusammenzuschließen, nicht etwa um ihre Nation zu verteidigen, sondern um sich ihrer selbst zu vergewissern. Als legendär gilt der Brief eines gewissen Johann Heinrich Voß, in dem er die Gründung des damals wichtigsten studentischen Dichterbundes am 20. September 1772 folgendermaßen beschrieb:

»Der Abend war außerordentlich heiter und der Mond voll. Wir überließen uns ganz den Empfindungen der schönen Natur. Wir tranken in einer Bauernhütte eine Milch, und begaben uns darauf ins freie Feld. Hier fanden wir einen kleinen Eichengrund, und sogleich fiel uns allen ein, den Bund der Freundschaft unter diesen heiligen Bäumen zu schwören. Wir umkränzten die Hüte mit Eichenlaub, legten sie unter den Baum, fassten uns alle bei den Händen, tanzten so um den eingeschlossenen Stamm herum – riefen den Mond und die Sterne zu Zeugen unseres Bundes an und versprachen uns eine ewige Freundschaft.«

Voß studierte zu der Zeit in Göttingen Philologie und machte sich im Laufe seines Lebens nicht nur als Gelehrter, sondern auch als Dichter und Übersetzer antiker Epen einen Namen. Die Freimaurer, eine Loge, der er später in Hamburg beitrat, verließ er jedoch enttäuscht ob deren falscher »Geheimbündelei« wieder. Sein Göttinger Hain hatte auch eine andere Intention. Bünde wie dieser standen vor allem für einen »Kult der Nähe in der Distanz«, wie der Soziologe Heinz Bude es bezeichnet. »Freundschaft erscheint hier als ein Modell ewiger männlicher Jugend, die sich selbst ihre Gesetze gibt.« Zu dieser Einschätzung kommt Bude, der diese Zeit als Bezugspunkt aller Theorien der Freundschaft im deutschsprachigen Raum nimmt.

Im Zuge der beginnenden Individualisierung erlebten Männer ebenso wie Frauen zum ersten Mal die Situation, sich als einzelne Persönlichkeit zu einer Gemeinschaft verhalten zu dürfen oder auch zu müssen. Da geht es Männern bis heute nicht anders als Frauen. Wie das Magazin *Gehirn und Geist* in einem Dossier zu Freundschaften berichtet, ergab eine Längsschnittstudie in Tacoma, Washington, dass ein einziger Faktor darüber bestimme, wen die Befragten als besten Freund bezeichnen: das Gefühl, von ihm in der eigenen Identität anerkannt und bestätigt zu werden. Das gilt für beide Geschlechter. Die enge Freundschaft führt zu einem Plus an Selbstwertgefühl.

In Bünden wie dem Göttinger Hain geschah dies vor allem über den literarischen Austausch, über Lektüre und musische Erlebnisse. Einerseits handelte es sich dabei um Rituale, die Freundschaften unabhängig von den Geschlechtern bis heute charakterisieren. Denn Freundschaft definiert sich im Alltag ja nicht theoretisch, sondern wird gelebt. Andererseits kommt Aktivitäten – nicht nur künstlerischen, sondern auch sportlichen oder handwerklichen – für Männerfreundschaften oftmals eine größere Bedeutung zu. Der Soziologe Stiehler bezeichnet sie als eines ihrer Fundamente.

Lustigerweise bedient er sich zur Veranschaulichung seiner Analyse der Freundschaft unter Männern eines technischen Modells. Auf Seite 159 seiner Arbeit ist es abgebildet. Es hat die Anmutung einer überdimensionierten Wippe, wie man sie in Miniatur auf Kinderspielplätzen finden kann. Mit »Aktivität« ist einer der beiden Stützpfeiler in der Mitte beschriftet, mit »Homosozialität« der andere. Auf diesen beiden Säulen wippen also die beteiligten Männer hin und her, stets bemüht, die Balance zu halten, sodass nicht einer von beiden einsam am Boden klebt, während der andere alleine in Richtung Himmel hüpft. Und das Ganze unter einer Bedingung: Keine Frauen erlaubt!

Spielerische Modellzeichnungen hin oder her, die vielleicht sogar klischeetypisch sein mögen: Männer teilen nach Stiehler mit Freunden intensive Grundinteressen und finden sich über dieses »Außen« überhaupt erst. Wichtig für den Vertrauensaufbau ist die Dyade der Freunde. Als entlastend wird der Beziehungsraum zwischen Männern vor allem dann empfunden, wenn Frauen abwesend sind. Neben diesen beiden Fundamenten beinhaltet Stiehlers Aufbau einen weiteren aufschlussreichen Hinweis. An der Stelle, wo die Wippe ihre Sitze hat, kommt Kommunikation ins Spiel, aber in einer speziellen Form: dem indirekten Austausch. Hier unterscheiden sich die Beziehungen zwischen Männern und Frauen grundlegend. Während Letztere sehr direkt das Gefühl des »Geht mir genauso« anstreben, teilen sich Männer anders mit. Ich würde ihre Art als kryptisch bezeichnen. Ich stehe da einer fremden Welt gegenüber, die einem schnell das Gefühl von Ausgeschlossenheit vermittelt. Von außen sieht es meist so aus, als ginge es um ein Projekt. Oder um eine Platte. Oder ein Fußballspiel. Oder eine Reise. In der Binnensicht geht es offensichtlich um nichts weniger als die eigene Identität.

Ein typischer Dialog geht erfahrungsgemäß so:

FREUND EINS: »Wie hat Zappa schon gesagt …«
FREUND ZWEI: »Home ist where the heart ist …«
FREUND EINS: »On the bus.«

Beide seufzen.

Worum es geht? Raten Sie mal: a) Liebeskummer b) Umzugspläne c) die anstehende Urlaubsreise.

Ich bin mir nicht sicher, würde aber auf a) tippen.

Mein Mann bezeichnet diese Art des Gesprächs als exklusive Verständigung über postmodernes Zitieren, eine Art Geheimsprache, die Vertrauliches kommunizierbar macht. Aber weshalb bedarf es dieser Geheimsprache? Moritz von Uslar spricht mit feiner Selbstironie von einem »Urmisstrauen« eines jeden Mannes, wenn es um Gespräche oder gar Aussprechen gehe. In einer Folge der Kolumne »Ein Mann eine Frage« in der Zeitschrift *annabelle* verrät von Uslar, »Worüber Männer mit ihrem besten Freund reden«: über nichts Wichtiges. Denn Sprechen gehe nie gut aus. Ganz im Gegensatz zu Frauen, bei denen die Freundschaft hier erst beginne, herrsche unter Männern ein Selbstanalyseverbot. »Die Wahrheit mutet man sich gar nicht oder in kleinen, kunstvoll verpackten Portionen (Humor! Übertreibung! Sarkasmus!) zu«, so von Uslar. Männer, die lachend und grölend an der Theke stehen, dürfe man sich eher als Wahrheitssuchende vorstellen, die sich unaussprechliche Intimitäten gestünden. Ja, warum eigentlich nicht? Vor allem für die jüngere Männergeneration ist Kommunikation, egal in welchem Umfeld, bereits eine Selbstverständlichkeit.

Der Journalist Tobias Rüther beschreibt in seinem Buch *Männerfreundschaft* den Kern der Beziehung als einen Moment der Erleuchtung. Er stelle sich dann ein, wenn beide Freunde im Gespräch gemeinsam etwas begreifen oder entdecken. Auch dies dient der Selbstvergewisserung und Orientierung. Im Unterschied zu Frauen jedoch muss dies nicht immer im gegenseitigen Einverständnis und schöner Harmonie geschehen.

Nach Einschätzung des Schweizer Psychologen und Analytikers Allan Guggenbühl ereignen sich Szenen wie folgende des Öfteren:

KOLLEGE EINS: »Was, mit diesem Trottel soll ich zusammenarbeiten?!«
Er verabreicht dem Kollegen zwei einen freundschaftlichen Klaps.
KOLLEGE ZWEI: *lächelt und freut sich über das Zeichen der Sympathie.*

Für gewöhnlich stellen Arbeitsverhältnisse eine Konkurrenzsituation dar. Auf dem Spiel steht die eigene Autarkie. Psychologen wie auch Horst Petri sehen darin einen Grund, weshalb Männer oftmals auch Familienangehörige als Freunde bezeichnen. Sie grenzen die Außenwelt des Berufs von der Innenwelt der Familie eher ab als Frauen. Falls es doch zu einer Vermischung von Geschäftlichem und Vertraulichem kommen sollte, findet man sich mit ziemlicher Sicherheit in einem der zahlreichen Mafia-Epen wieder. Zur Familie gehören dort nicht nur die Blutsverwandten, sondern die bluttreu ergebenen Freunde. Innerhalb dieses besonderen sozialen Netzwerks gelten noch heroische Gesetze. Es geht um die Ehre, die auf Leben und Tod gesichert wird. Ökonomie besteht aus Freundesdiensten.

Doch selbst dem legendären »Paten« von Francis Ford Coppola will das alles nicht mehr so recht gelingen. Wie sehr sich die Zeiten geändert haben, führt letztlich das Oberhaupt der Sopranos vor Augen: Der mitunter tapsige Tony, Boss des Clans in New Jersey, schleicht sich von der ersten Serienfolge an zu einer Psychotherapeutin. Dort soll er nicht nur reden. Er soll über sich sprechen, also darüber, womit er mit seinen Freunden nicht spricht. Gleichzeitig darf er sie jedoch nicht verraten. Der Grund seiner Therapeutenbesuche ist ein psychosomatischer: Tony leidet unter Panikattacken. Ein sehr moderner Mann also: Ein 40-Jähriger »am Wendepunkt seines Lebens, Aufruhr in der Ehe, Aufruhr in seinem Beruf, steht vor der Aufgabe, Teenager in der modernen Gesellschaft aufzuziehen – der ganze Druck eines jeden Mannes seiner Generation. Der einzige Unterschied ist, er ist der Mafiaboss des nördlichen New Jerseys«. Mit dieser Beschreibung charakterisieren ihn laut Wikipedia die Macher der Serie.

Ein Unterschied zu gewöhnlichen modernen Männern ist sicher nicht zu vernachlässigen: Die meisten haben keine Leichen im Keller. Sie sind genau so wenig wie Frauen ewig treu an ihre Freunde gebunden, bis der Verrat oder andere Vorkommnisse sie scheiden. Sie müssen sich auch nicht mehr umbringen. Sie können ihre Freundschaften einfach ruhen lassen, wenn ihnen aus persönlichen Gründen danach ist. Nach den Studienergebnissen des Soziologen Stiehler machen diese ruhenden Freunde sogar einen nicht geringen Anteil im Kreis der Beziehungen von Männern aus. Sie verfügen generell über sehr viel differenziertere Freundeskreise als Frauen. Der Kumpel, mit dem man Sport macht, hat seinen festen und ebenso wichtigen Platz wie der Freund, mit dem man beim Sport auch noch redet.

Soweit ich weiß, existiert bei Frauen kein vergleichbares Pendant dazu. »Bekannte« träfe es vielleicht ganz gut. Ich habe jedoch noch nie eine Frau sagen hören: »Gestern habe ich meine Bekannte getroffen, sie meinte ja, dass ihre Tochter gerade in Trotzphase 2.0 eingestiegen sei.« Frauen haben immer Freundinnen. Egal wie lange und gut sie sich kennen. Daher haben Frauen auch im Fall des Zerwürfnisses keine Freundinnen mehr. Da ruht nichts. Da nimmt etwas in einem Drama aus Liebesentzug und Kränkungen sein Ende. Männer sind durchaus zu einem pragmatischeren Blick fähig. Ein guter Freund von mir brachte es schön auf den Punkt: »Warum sollten Freundschaften zu Ende sein?«, fragte er zurück, als ich ihm einmal von einer abgebrochenen Freundschaft in meinem Leben erzählte. »Wenn ich mit jemandem einmal befreundet bin, geht das nicht weg. Die Vertrautheit lässt sich doch nicht zurückdrehen, als wäre nichts gewesen.«

Selbstverständlich gibt es auch in puncto Trennungen eine Annäherung der Geschlechter. Justin Bieber, das Pop-Rollenmodell für die männliche wie weibliche Jugend, schickte seinen besten Freund vor zwei Jahren öffentlichkeitswirksam in die Wüste. Klatsch- und Starportale wie starflash.de meldeten daraufhin: »Justin Bieber macht mit bestem Freund Schluss.« Was war nur geschehen? Der nunmehr ehemals beste Freund namens Chaz hatte sich via Twitter über Biebers Freundin Selena Gomez lustig gemacht. Bieber wiederum postete laut starflash.de ein Freundesbekenntnis, das Chaz außen vor ließ: »Echte Freunde – Ryan Butler und Jaden Smith.« Bei Mädels hätte es in den Schlagzeilen da längst geheißen: »Zickenkrieg!«

Auch jenseits der Glitzerwelt pubertierender Popstars gelten Frauen als häufigster Grund für das Ende von Männerfreundschaften. Der niederländische Sozialforscher Matthijs Kalmijn von der Universität Tilburg befragte 3000 Männer in verschiedenen Lebensabschnitten zu ihren Freundschaften. Wie das Magazin *Gehirn und Geist* berichtet, lautet ein Ergebnis der Studie: Findet ein Mann die Frau fürs Leben, ist mit jeder zweiten Freundschaft Schluss.

Problematisch kann es aber auch ohne eine Frau als Protagonistin werden. Der Freundschaftstherapeut Wolfgang Krüger geht mit seiner praktischen Erfahrung davon aus, dass tiefere Freundschaften bei Männern zunähmen. Und damit auch Gefühle wie Eifersucht, Vernachlässigung, Dominanz. Im *Tagesspiegel* erzählte er im Artikel »Wieder beste Freunde« vom Schauspieler Andreas Kaiser und dem Manager Jens Schumann – beide Namen hat die Redaktion auf Wunsch der Freunde geändert. Die beiden waren befreundet, sie hatten alles durchgestanden, was man sich dem Beste-Freunde-Mythos nach so vorstellen kann: Krankheiten, Trennungen, beruflichen Stress. Plötzlich krachte es immer öfter, die beiden sahen sich immer seltener. Und so landeten sie auf der Couch von Wolfgang Krüger. Bei Beziehungspaartherapien hat Krüger nach eigenen Angaben eine Erfolgsquote von 30 Prozent, bei Freundespaaren liegt sie bei 80 Prozent. Auch Andreas und Jens konnten ihre Freundschaft nach sieben Sitzungen mit Gesprächen und Selbstanalysen (!) ihrer Erwartungen bewahren.

Angesichts all dieser Annäherungen stellt sich in der Folge auch eine andere Frage neu: Wie steht es um die freundschaftliche Beziehung zwischen den Geschlechtern? Müssten wir moderne Mittdreißiger nicht endlich auch platonische Freunde sein können – bei allen gemeinsamen Selbstzweifeln und Vergewisserungen?

Romantische Freunde

Abschied vom Harry-und-Sally-Syndrom: Das neue Verhältnis zwischen Männern und Frauen

Ein früher Morgen auf dem Brandenburger Land. Im fahlen Tageslicht glitzert Raureif auf Zäunen, Ästen und Äckern. Eine Frau steht vor ihrem Haus in der Einfahrt. In den Händen hält sie einen Becher mit dampfendem Kaffee. Sie holt tief Luft. Ein Mann kommt aus dem Haus und stellt sich zu ihr.

ER: »Morgen.«

SIE *(nach einem langsamen Schluck Kaffee)*: »Ist ganz schön raffiniert, was du dir ausdenkst, um in mein Bett zu kommen. Guten Morgen.«

Beide schauen im Morgendämmerlicht auf die Einfahrt des ehemaligen Hofes.

SIE: »Ist schön hier, wa?«

ER: »Du Olga, eigentlich könnten wir doch das Dach ausbauen, dann wäre das alles irgendwie viel einfacher.«

SIE: »Felix, bitte.«

Sie dreht sich zu ihm und holt tief Luft.

SIE: »Wir haben eine Abmachung.«
ER: »Dinge können sich doch auch ändern.«
SIE: »Wir sind Freunde und kümmern uns gemeinsam um unsere Tochter. Das ist doch eine Menge.«
ER *(schaut in den Himmel und seufzt)*: »Ja.« *Zuckt mit den Schultern.* »Wenn man es so sieht.«
SIE: »Ich wünsche euch einen schönen Tag.«

Noch vor dreißig Jahren hätte Olga nicht so selbstbewusst auf ihrer Abmachung mit Felix bestehen können. Denn die beinhaltet die gemeinsame Sorge um ihr gemeinsames Kind, sprich gemeinsame Verantwortung und gegenseitigen Respekt. Sie beinhaltet jedoch keine gemeinsamen Nächte im gemeinsamen Bett, auch wenn Felix, wie in diesem Gespräch der beiden angesprochen, dort einschläft, während er die Tochter in den Schlaf wiegt. Sie beinhaltet keinen Sex und keine großen Gefühle einer Liebesbeziehung.

Vor dreißig Jahren hätten die meisten diese Olga für »irgendwie seltsam« gehalten, für ein Exemplar jener egoistischen Emanzen, die den Mann dafür ausnutzen, um ein Kind zu bekommen, ihn dann aber abservieren. Engagierte Feministinnen hätten wiederum den Kopf darüber geschüttelt, wie man lieber ein gemeinsames Kind haben will als möglichst viel befreiten und unverbindlichen Sex.

Heute bezeichnet man das Beziehungs- und Lebenskonzept von Olga Lenski, Kommissarin im Brandenburger *Polizeiruf 110*, mit Freund Felix als pragmatisch. Es stößt kaum mehr Menschen vor den Kopf, vor allem Erwachsene im Alter zwischen 30 und 45 Jahren nicht, die gerade versuchen, neben ihren beruflichen Lebenszielen auch die privaten zu verwirklichen: Partnerschaft und Kinder. Olga und Felix mögen immer noch zu einer Minderheit gehören, als Rollenmodell taugen sie allemal: Ihre Abmachung bietet eine zeitgemäße Lösung. Selbst wenn der Alltagstrubel die große Liebe zu gewöhnlichen Gefühlen abgeschliffen hat und sich die Wege trennen, bleibt keiner der Beteiligten alleinerziehend oder alleinerzogen. Bei allen Verletzungen, die eine Trennung mit sich bringt, bewahren sich alle einen respektvollen, vertraulichen Umgang – als Freunde.

Die Sozialpsychologin Ann Elisabeth Auhagen kam in ihren Studien auf einen Anteil von 30 Prozent von Freundschaften, die aus Liebesbeziehungen hervorgegangen sind. Ruft man sich ins Gedächtnis, dass unsere Eltern noch mit einer Grundskepsis dem anderen Geschlecht gegenüber sozialisiert wurden, wirkt die Zahl erstaunlich hoch. Damals wurde Frauen vor allem eines mit auf den Weg gegeben: Habt acht vor Männern, die wollen nur das eine! Und Männer wiederum hatten möglichst schnell das eine zu wollen, sonst galten sie nicht als Mann, sondern als bioökonomischer Versager. Vertrauen und gegenseitiger Respekt passen zu diesen Rollenbildern wie die Erdbeermarmelade zum blutigen Steak.

Mein Leben sah bereits ganz anders aus: Ich war sehr gerne, mitunter sogar lieber mit Jungs befreundet. Sie waren in meinen Augen unkomplizierter. Das begann in der Grundschule. Begleitete mich Stefan nach der letzten Stunde auf dem kurzen Weg durchs Dorf nach Hause, planten wir meist die Nachmittage: mit und bei wem, drinnen oder draußen, mit Rädern oder ohne?

Eines Tages schlug Stefan einen Nachmittag auf Rollschuhen vor. Ich hatte weiche Knie und ein mulmiges Gefühl, als ich am Fuße des kleinen Hügels stand, an dem Stefans Eltern ihr Haus gebaut hatten. Die Schuhe an meinen Füßen rochen noch nach neuem Gummi. Die Rollen glänzten sauber. Stück für Stück arbeitete ich mich nach oben zum höchsten Punkt des Hügels vor. Nach jeder Abfahrt traute ich mich ein, zwei Schritte weiter und verschob meinen Startpunkt um ein paar Meter nach oben. Stefan fuhr immer unmittelbar vor mir, wartete unten und lenkte mich mit lauten Rufen und wildem Winken von den anderen Jungs ab, die sich lustig machten über meine Step-by-Step-Taktik. Als ich x-beinig und mit den Händen rudernd unten angekommen war, fing Stefan mich lachend auf.

Keine Ahnung, was all die Sabines und Simones an diesen Nachmittagen so machten. Also, doch ich wusste es: Sie nahmen Reitstunden. Vielleicht sollte ich besser sagen: Keine Ahnung, was sie daran so faszinierend fanden, einem großen stinkenden Tier den Stall auszumisten, um im Anschluss kurz auf seinem Rücken eine Runde zu drehen. Sie verbrachten jedenfalls die Vormittage davor und danach mit langen, konzentrierten Gesprächen darüber, welches Tier welche süße Regung gezeigt hätte.

Mit Stefan teilte ich nicht nur das Abenteuer, sondern auch die Angst. Es ging nie um einen Wettbewerb, um Konkurrenz oder die Frage, wer einen besseren Eindruck bei den anderen hinterließ. Er war kaum älter als ich, dennoch hatte ich manchmal das Gefühl, er wäre ein großer Bruder. Selbstverständlich waren wir Kinder. Keiner von uns beiden dachte damals bei Umarmungen an etwas anderes als an Trost oder überschwängliche Freude. Doch auch später – mit Ausnahme der Pubertät – traf ich immer wieder auf Männer, die ich ohne Probleme gerne als meinen Bruder vorgestellt hätte. Tim zum Beispiel, mit dem ich in jenem Olympiastadion in Helsinki stand, als er sich mit Michi ein kleines Sympathieduell um Sportergebnisse lieferte.

Als ich ihm zum ersten Mal begegnete, erschrak ich kurz. Ich hatte ein Déjà-vu und dachte, ein gewisser Dr. Udo Brömme aus der *Harald Schmidt Show* habe einen kurzen Abstecher nach München gemacht. Tim trug einen ähnlichen Trenchcoat wie die Satirepolitfigur sowie die passende Nickelbrille dazu und ließ an einem der Aufnahmeprüfungstage vor dem Gebäude der Journalistenschule einen Spruch nach dem anderen los.

Etwas später fand ich mich bei einer Prüfung neben ihm wieder und vergaß für einen kurzen Moment all meine Aufgeregtheit, so entsetzt war ich: Hatte dieser Kerl eben seinen Monitor von mir weggedreht, auf dass ich ja keinen einzigen Buchstaben lesen, geschweige denn abschreiben können sollte?! Ich beschloss, ihn nicht zu mögen.

Ein halbes Jahr später, am ersten Tag unserer Ausbildung, kurz vor 8 Uhr, stand ein gewisser Dr. Udo Brömme ganz selbstverständlich bereits im Schulhof, als ich ankam. Ich konnte es nicht glauben. Und versuchte schnell, einen Platz möglichst weit entfernt von ihm zu ergattern. Der Versuch ging schief. Zum Glück. Er saß schließlich drei Plätze von mir entfernt – und wie soll ich sagen? Es wurde bald sehr lustig. Zum Beispiel als er sich in der Unterrichtseinheit Kulturberichterstattung vorstellte: »Feuilletong? Kann ich nicht. Ich hacke dafür die Sportergebnisse eines Spieltags jeder beliebigen Liga innerhalb einer halben Stunde ins System, kein Problem. Aber das nützt uns hier jetzt nichts, oder?«

Bei einem Feierabendbier kamen wir ins Gespräch. Ich mochte seine direkte, offene Art. Wenn es ein Problem gab, dann war es schnell ausgesprochen. Wenn er ein Problem hatte, erzählte er ohne große Umwege davon. Zum Beispiel davon, dass die Fernbeziehung, die er gerade führen müsse, belastend sei. Dass er nun aber auch nicht mit mir tauschen wolle. Ich war zu dieser Zeit ohne feste Beziehung. Andere hätten bei mir mit diesem Spruch eine Kränkung mittleren Grades ausgelöst. Tim konnte ich ohne Häme antworten: »Ich mit dir ehrlich gesagt auch nicht.«

Bei einem weiteren Treffen gestand ich ihm meinen Beschluss von damals, ihn nie mögen zu wollen. Er grinste sein Tim-Grinsen, etwas schüchtern, bisschen belustigt. »Echt?« Er musste lachen. »Ich mache das immer, ist so ein Tick, bevor ich schreibe, muss ich den Bildschirm justieren, meehrmaals, schon möglich, dass es zwanghaft ist …« Ich gab ihm ein Bier aus und nannte ihn künftig in den anstrengenderen Momenten Dr. Brömme.

Insgesamt haben wir nur zwölf Monate in einer gemeinsamen Stadt verbracht. In Bezug auf unsere bisherige Lebensdauer ist das kein sehr langer Zeitraum. Im Anschluss an die Ausbildung sind wir in unterschiedliche Städte gezogen. Wir haben mittlerweile beide Familie. Wir sehen uns vielleicht alle vier Jahre einmal, für ein paar Stunden. Dennoch zählt Tim zu meinen engsten Freunden. Wir haben uns nie geküsst. Aber oft umarmt. Und viel zusammen gelacht. Manchmal ruft er an, hat nur »gaaanz« kurz Zeit, weil er ja arbeiten muss. Nach einer Stunde Mindestgesprächszeit verabschieden wir uns dann. Ohne doppelten Boden. Ohne Eifersucht. Ohne Kränkungen. Ganz so, wie ich es mir mit einem Bruder vorstelle – überprüfen kann ich es nicht, ich habe drei wundervolle Schwestern.

In der Generation unserer Töchter und Söhne dürfte dieses geschwisterlich-freundschaftliche Verhältnis zu anderen eine noch größere Rolle spielen. Die Zahl der Kinder ohne Geschwister ist stark gestiegen. Aber bereits heute beschreibt eine Mehrzahl der platonisch befreundeten Männer und Frauen ihre Beziehung als geschwisterlich. Die Publizistinnen Karin Mönkemeyer und Inge Nordhoff haben über ein Jahr lang Gespräche mit solchen Freundespaaren geführt. Die Befragten waren zwischen 17 und 70 Jahre alt und kamen aus den unterschiedlichsten Berufen, von der Verkäuferin oder pensionierten Lehrerin bis zum Juristen oder Zivi. Bei einigen war der Altersunterschied groß, was eher zu Konstellationen ähnlich derer von Vater und Tochter oder Mutter und Sohn führte. Bei den meisten handelte es sich jedoch um ungefähr Gleichaltrige.

Manche Paare waren platonisch befreundet, da beide in einer Partnerschaft lebten und schon alleine aus diesen Gründen auf Sex verzichteten. Viele mussten jedoch keine heimliche Liebe maskieren und konnten offen und vertraut sprechen. Nicht zuletzt taten sie das auch über die eigenen Partnerschaften, da sie die Perspektive des anderen als Vertreter des anderen Geschlechts besonders respektierten.

Seit einigen Jahren haben all die Mann-Frau-Freunde

neben dem Klassiker Biene Maja und Willi auch ein populäres Vorbild für diese Beziehungsform. In der Krimiserie *Elementary* versetzt Regisseur Robert Doherty die Figuren Sherlock Holmes und Dr. Watson ins heutige New York. Holmes hilft nach einem Drogenentzug der New Yorker Polizei bei ihren Ermittlungen. Zur Seite steht ihm dabei eine gewisse Frau Dr. Watson, gespielt von Lucy Liu – eine ehemalige Chirurgin und seine Entzugspatin. Spannungen sind da von Beginn an nicht ausgeschlossen, auch sexuelle. In einem Interview beschrieb Schauspielerin Liu das Verhältnis der beiden jedoch mit einem neumodischen Begriff: der sogenannten Bromance – einer geschwisterlich platonischen Freundschaft. Ursprünglich bezeichnete die Wortkombination aus brother – Bruder – und romance – Romanze – das freundschaftlich enge Verhältnis zwischen zwei heterosexuellen Männern. Liu weitete es auf Frauen und Männer aus.

Was also ist passiert seit jener Zeit, in der unsere Eltern noch im festen Glauben an starre Rollenmuster aufgewachsen sind? In meinem Leben tummeln sich bereits genauso viele Mann-Freunde wie Frau-Freundinnen. Sie sind anders wichtig, aber auf jeden Fall ebenbürtig. Die wenigsten von ihnen sind schwul, um an dieser Stelle auch gleich mit einem sehr beliebten Klischee aufzuräumen: dem Harry-und-Sally-Syndrom. Die Bezeichnung ist den Figuren der Komödie *Harry und Sally* mit Billy Crystal und Meg Ryan entlehnt. Dank der beiden Ikonen hält sich der populäre Mythos hartnäckig, dass eine Freundschaft zwischen heterosexuellen Frauen und Männern nicht möglich sei. Wie die beiden auch am Ende mit einem romantischen Kuss und einer Hochzeit beweisen, klappt das nie, denn: »Die Liebe kommt doch immer wieder dazwischen«, wie Harry betont.

Frauen trauen sich mittlerweile auch mit heterosexuellen Männern eine Freundschaft zu, denn sie haben keine grundsätzliche Angst mehr vor Männern. Sie werden nicht mehr dazu erzogen, Männern vor allem gefallen zu müssen und in deren Gegenwart nur noch jene Seiten zu zeigen, die ihnen Wohlwollen garantieren. Die Psychologie spricht bei diesem Verhalten von einer abgeleiteten Identität. Mittlerweile steigt die Zahl der Frauen ebenso wie jene der Männer, die eine eigene Identität suchen. Befreundete Menschen des anderen Geschlechts sind dabei eher hilfreich. Selbstverständlich bedeutet dies nicht, dass die Sexualität völlig unbeachtet bliebe. Eine gewisse erotische Spannung und Attraktivität gilt heute jedoch nicht mehr als Hindernis, sondern vielmehr sogar als verbindendes Element.

Der Psychologe Horst Petri beschreibt sie als Kern der Mann-Frau-Freundschaft. »Die Sexualität (wird) nicht gelöscht, sondern durch unbewusste Verdrängung, gewollten Verzicht oder Sublimierung außer Kraft gesetzt.« Beide Freunde könnten eine wichtige Entscheidung treffen: die zwischen dem erotischen Wunsch und dessen Erfüllung. Der Gewinn im Verzicht auf Sexualität liegt nach Petri in einem »Reichtum an gegengeschlechtlichen Erfahrungen«. Vor allem in der jungen Erwachsenengeneration sei das Bedürfnis nach solchen entsexualisierten Freundschaften hoch, so Petris Einschätzung. Als Grund nennt er unter anderem ein gewachsenes Ausmaß an »selbst verschuldete(n) sexuelle(n) Frustrationen« seit der sexuellen Revolution in den Sechzigerjahren.

Diese Sehnsucht muss nun nicht im Widerspruch zu einer befreiten, enttabuisierten Sexualität stehen. Niemand möchte in dieser Hinsicht das Rad zurückdrehen und bis zur Zwangsverheiratung auf den ersten, vermutlich auch noch schlechten Sex warten müssen. Aber platonische Freundschaften stellen heute auch nichts Anachronistisches mehr dar, weil sie als Ersatz für eine Liebesbeziehung gewählt werden müssen, die aufgrund gesellschaftlicher Tabus nicht lebbar ist. Sie ergänzen heute das sexuell wenig reglementierte Leben umso besser.

Im Fall einer Trennung von Paaren mit Kindern ermöglicht sie sogar einen zivilisierteren zwischenmenschlichen Umgang. Die britische Soziologin Sasha Roseneil sieht in dieser Entwicklung eine Folge des Individualisierungsprozesses: »Lebensstile, die einmal als genuin homosexuell galten – der Vorrang der Freundschaft, die Einbeziehung von ehemaligen Geliebten in Freundschaftsnetze, das Nichtprimat des Ehepaars –, werden von Heterosexuellen aufgegriffen, die ein besonders ›individualisiertes‹ Leben führen.«

Dieses Leben bringt einen Wandel in den Umgangsformen zwischen den Geschlechtern mit sich, der noch längst nicht abgeschlossen ist. Die »Milden Kerle« treffen mittlerweile auf emanzipierte, jedoch nicht männerverachtende Frauen – und das an so vielen gemeinsamen Schauplätzen wie noch nie zuvor. Auch wenn es in den Führungspositionen noch Aufholbedarf gibt, so arbeiten Frauen heute doch mehrheitlich mit Männern gemeinsam in Unternehmen, selbstständigen Projektgruppen oder Büros. Im Gegenzug treffen Männer nachmittags auf Spielplätzen mit ihren Kindern auf die vielleicht noch mehrheitlich dort vertretenen Frauen, müssen sich als vermeintliche Versager aber keineswegs aus Scham in ein Eckchen verkrümeln.

Die französische Philosophin Élisabeth Badinter fand bereits Ende der Achtzigerjahre eine treffende und gleichwohl herausfordernde Bezeichnung für diese Entwicklung: Sie prophezeite eine »androgyne Revolution«. Von nun an gelte das Prinzip der Gleichheit zwischen den Geschlechtern, nicht mehr das Jahrtausende geltende Prinzip der Komplementarität. In der Folge lösen sich die Gegensätze mehr und mehr auf, die Ähnlichkeiten werden größer. Das zwischenmenschliche ideale Leitbild der Liebesbeziehung weicht im Zuge dessen einem anderen: dem der Freundschaft, die auf Gegenseitigkeit beruht. Sie lebt von Zuneigung, Brüder- respektive Schwesterlichkeit und Vertrautheit. Nach vollzogener Revolution entsteht in Badinters Vision ein neuer Mensch, der männliche und weibliche Eigenschaften in sich vereint: »Man ist nicht so sehr daran interessiert, den anderen zu beherrschen und zu besitzen, als vielmehr daran, dass er einen liebt, beschützt, tröstet, versteht und dass er einem verzeiht.«

Heute, knapp 25 Jahre später, blicken wir auf die bisherigen Ergebnisse dieser Revolution und kommen um einen Schluss leider nicht herum: Wie so oft handelt es sich auch bei diesem gesellschaftlichen Umsturz um eine Schnecke. Anfang des neuen Jahrtausends zieht Badinter in einem weiteren Buch auch eine dementsprechend deprimierte Bilanz. In einem Plädoyer für »die Wiederentdeckung der

Gleichheit« rechnet sie mit den feministischen Irrtümern der vergangenen Jahre ab. Denn anders als von der Philosophin erhofft, setzte sich weniger ein androgynes Menschenbild durch, sondern ein Backlash.

Vor allem Feministinnen aus den USA sowie aus Frankreich betonten die Differenz zwischen den Geschlechtern, beklagt Badinter. Sie müsse nach deren Logik berücksichtigt werden, strebe man eine gesellschaftliche Parität an. Nicht zuletzt führten diese biologischen und medizinischen Ansätze nach Badinter jedoch zu neuen, alten Unterschieden: Frauen charakterisiere der Mutterinstinkt, weswegen sie sich besser um die Kinder kümmerten, vor allem in den mindestens ersten sechs Monaten nach der Geburt. Denn Stillen sei für die Entwicklung sowohl von Baby als auch Frau – geringeres Krebsrisiko – sehr viel wichtiger als eine frühe Rückkehr an den Arbeitsplatz. Badinter setzt dem bei aller Ernüchterung noch einmal ihre Vision der sozialen Gleichheit entgegen: »Die Verschiedenheit der Geschlechter ist eine Tatsache, aber sie legt die Individuen nicht auf bestimmte Rollen oder Aufgaben fest.«

Die meisten jungen Erwachsenen, die ich kenne, teilen diese Haltung. Eigentlich ist uns diese soziale Gleichheit auch gar nicht so unvertraut. In den ersten Lebensjahren saßen die meisten von uns auf Augenhöhe mit dem anderen Geschlecht in der Buddelkiste zwischen ihren Freunden. Mag der Wortschatz auch noch so begrenzt gewesen sein, die lebenswichtigen Dinge wurden geschlechtsunabhängig ausgehandelt: »Meine Schaufel!« »Nein, meine!« »Neeeeiiin!« »Aua!« Entwicklungspsychologen sprechen in diesem Alter noch nicht von einem Freundschaftsverhältnis, wie es Erwachsene eingehen. Vertrautheit spielt keine Rolle, auch der Austausch von Geheimnissen oder Wertgegenständen unter gleichgeschlechtlichen Freunden findet noch nicht statt.

Genderforscher sind sich mittlerweile jedoch sicher, dass die Differenz der Geschlechter bereits im Sandkastenalter als Verhaltenskategorie anerzogen wird. Brüllen Mädels auf dem Spielplatz »Meine Schaufel!« und reißen sie einem Jungen aus der Hand, rümpfen mit Sicherheit zwei von drei anwesenden Müttern die Nase über das ungehobelte, wilde Mädchen. Im schlimmsten Falle merken sie an, dass dieses Mädchen dem Jungen Angst mache. Lässt es sich die Schaufel aus den Händen reißen und beginnt gemäß ihres Opferstatus laut und schrill zu heulen, erntet sie aufmunternde Blicke, während mindestens zwei Mütter zu Hilfe eilen. Bewertet man das Verhalten der Kleinkinder mit einem genderneutraleren Blick, so bleibt nicht mehr und nicht weniger als ein beiden gemeinsames Interesse: Sie wollen miteinander spielen, aber jeder mit den Utensilien, die er gerade für wünschenswert hält. Zur Not holt man sie sich zurück.

Im Alltag unseres Erwachsenenlebens ist viel von dieser Natürlichkeit verloren gegangen. Zum Glück müssen wir uns auch nichts gegenseitig aus den Händen reißen. Mit dem Gepäck der anerzogenen Geschlechterdifferenz auf dem Rücken spielt es sich auch im Erwachsenenleben nur leider etwas mühsamer. Und die angestrebte Gleichheit führt erst mal zu unserer zeittypischen Verunsicherung im Rollenverständnis. Wo keine Aufgaben festgelegt sind, bestehen viele Freiheiten, aber auch Unklarheiten. Letztere führen nicht unbedingt zu einem netteren Umgang zwischen den Geschlechtern. Und trotzdem hat die Attraktivität des freundschaftlichen Verhältnisses zwischen Männern und Frauen zugenommen. Wie passt das zusammen?

Karin Mönkemeyer und Inge Nordhoff kamen nach all den Gesprächen, die sie mit platonischen Freunden geführt hatten, zu dem Ergebnis, dass die Verunsicherung im Rollenverständnis eher für Partnerschaften ein riesiges Konfliktpotenzial bedeutet. Freundschaften böten ein wesentlich neutraleres Terrain, in dem man Auffassungen von Männlichkeit und Weiblichkeit ausprobieren könne, ohne gleich den Partner zu irritieren oder seine Macht- und Durchsetzungsansprüche abwehren zu müssen.

Ich kann mich jedenfalls nicht daran erinnern, mit Tim jemals darüber diskutiert zu haben, wer nun eigentlich dafür verantwortlich sei, dass die Vorhangstangen endlich an der Wand befestigt werden. Und warum bitte die Suche nach einem Babysitter an mir hängen bleibe. Tim würde ich davon erzählen, sicher sogar mit einem Augenzwinkern, dass neuerdings Männer ja auch nicht mehr bohren können müssen, Frauen es zum Glück nicht komplementär zu erlernen haben – was uns allen nun einen großen Druck nimmt, leider aber keine Vorhänge vor die Fenster bringt. Wahrscheinlich würde ich ihn noch fragen: »Worin besteht jetzt bitte der Fortschritt?« Sehr wahrscheinlich würde mir Tim, der selbst nicht sehr geschickt mit Bohrern ist, als Antwort eine Nummer mit einem Geheimtipp-Handwerker überreichen, der für Jobs dieser Art entlohnt wird. Und ich fände Tim dabei nicht unsensibel.

Die Toleranz für Schwächen und die Akzeptanz anderer

Stärken, als man vielleicht vom anderen erwarten würde, sind in Freundschaften sehr viel höher. Familientherapeuten sprechen dabei von einer »positiven Gegenseitigkeit«, die nicht nur Autonomie und Gleichrangigkeit voraussetzt, sondern auch Ehrlichkeit. Keiner der beiden Freunde sieht sich in der Not, lügen zu müssen. Der US-amerikanische Psychologe Keith E. Davis arbeitete in einer Studie folgende Charakteristika von Freundschaften heraus: Vergnügen, Anerkennung, Vertrauen, Respekt, gegenseitige Hilfe, Zutrauen, Verstehen, Spontaneität. Freunde haben nicht das Gefühl, eine bestimmte, eventuell oder vermeintlich erwartete Rolle spielen zu müssen. Freunde neigen weniger dazu, das Verhalten des anderen ändern zu wollen oder zu glauben, es sogar ändern zu müssen.

Wenn ich mich mit einem meiner guten Freunde zum Mittagessen verabredet habe, geschieht meist Folgendes: Ich mache mich gut eine halbe Stunde vor dem ausgemachten Zeitpunkt auf den Weg – meiner Erfahrung nach benötigt man in Berlin für alle Strecken gut eine halbe Stunde, da kann man eigentlich nicht viel falsch machen. Zehn Minuten vor dem ausgemachten Zeitpunkt schlendere ich auf den Laden zu, da surrt mein Handy. Eine SMS. Von ihm. Er sei leider etwas spät dran und werde erst 15 Minuten später eintreffen, er beeile sich aber! Ich lächele meist und lese in dem Magazin weiter, das ich vorsorglich eingesteckt hatte.

Nach nun mehr gut zehn Jahren, die wir uns kennen, sind die Verspätungen selbstverständlicher Teil eines Rituals. Immer wenn ich mit einem Partner verabredet war oder bin und länger als fünf Minuten warten musste, nehme ich das sehr viel persönlicher. Schließlich ist es doch eine Frage des Respekts, dass man die geliebte Person nicht warten lässt! Was überhaupt, wenn er gar nicht mehr auftauchte und mich hier einfach sitzenließe?! Die Gedanken waren da meist schon im Kettenkarussell losgefahren: Wenn das noch mal passieren sollte, dann … tja, dann folgte oft der nächste (Grundsatz-)Streit.

Keith E. Davis erklärt dieses im Grunde widersprüchliche Verhalten – respektlos wäre das Zuspätkommen nach moralischen Gesichtspunkten schließlich unabhängig von der Person – mit einem sehr viel schneller ausschlagenden Gefühlspendel bei Liebespaaren. Oftmals gaben die Befragten seiner Studie sogar ganz ähnliche Merkmale ihrer romantischen Beziehungen und ihrer Freundschaften an. Unterschiede gab es jedoch in der Intensität der Verbindung. Die Leidenschaft, Faszination und Exklusivität in einer Liebesbeziehung sind größer. Kein Wunder, sie hat schließlich auch eine andere gesellschaftliche Bedeutung.

Zielt die romantische Verbindung auf Familienbildung, egal ob sie letztlich realisiert wird, gilt die Freundschaft gerade zwischen Frauen und Männern eher als eine Stütze im Familien- und Sozialgefüge. Freud unterschied zwischen der genitalen und der sogenannten zielgehemmten Liebe. Letztere sei vor allem durch Zärtlichkeit gekennzeichnet und kulturell insofern von Bedeutung, als sie Beschränkungen wie etwa der Ausschließlichkeit entgeht. Im Ergebnis ist die platonische Freundschaft weniger aufregend – im positiven wie negativen Sinn.

Mönkemeyer und Nordhoff haben in ihren Langzeitgesprächen vor allem bei den Jüngeren einen zunehmenden Wunsch nach Treue festgestellt. Gleichzeitig erlebten viele der Befragten jedoch den angestrebten, idealen Dreiklang aus Leidenschaft, Liebe und Sexualität in ihren romantischen Beziehungen auf Dauer als nicht praktikabel. Daraus resultiere der zunehmende Wunsch, nach dem Abflauen der sexuellen Leidenschaft wenigstens die platonische Liebe zu erhalten.

Selbstverständlich dürften diese Freundschaften anders aussehen als etwa meine zu Tim. Sie werden nicht neu geschlossen, sondern knüpfen im besten Falle an freundschaftliche Gefühle an, die bereits in der Zeit der Liebesbeziehung existierten. In meinem Bekanntenkreis versuchen gerade zwei Paare beziehungsweise Expaare, nach ihrer Trennung so eine Transformation hinzubekommen. Ein Paar wohnt sogar Tür an Tür, in zwei getrennten Wohnungen, mit den jeweils neuen Partnern und den gemeinsamen Kindern. Wenn man fragt, wie das denn so klappe, gibt es meist einen kleinen Seufzer und ein gut gelauntes: »Anstrengend, aber die beste Lösung.«

Nico, ein alter Freund von mir, ist gerade zu seinen Kindern aufs Land gezogen. Schweren Herzens hat er seine Wohnung in der Stadt aufgegeben. Der Wunsch, den beiden Söhnen nahe zu sein, war dann doch stärker als der Unmut über seine Exfrau, die mit ihrem neuen Partner raus ins Grüne wollte – gegen seinen Willen. Aber was konnte er schon tun, sie musste ihre Entscheidungen schließlich nicht mehr mit ihm abstimmen. Bewundernswerterweise klingt Nico bis heute nicht verbittert. Wenn man ihn darauf anspricht, sagt er nur: »Ich weiß, ich bin vielleicht naiv. Aber ich sehe nicht ein, warum ich mich mit einer Frau bekriegen soll, mit der ich einmal gerne geschlafen habe.« Wahrscheinlich zählen daher vergleichsweise viele Expartnerinnen zu seinem Freundeskreis.

Nicht nur Mittdreißiger bemühen sich jedoch um eine gelungene Form der freundschaftlichen Beziehungen nach einer Trennung. Mitunter am berührendsten liest sich die Geschichte eines Paares um die 50 aus der Runde der Gesprächsteilnehmer von Mönkemeyer und Nordhoff. Die beiden waren 18 Jahre verheiratet, mehr aus gesellschaftlichem Zwang denn selbst gewählter Zuneigung. Sie war damals 21 Jahre alt, er 23. Beide beschreiben sich als »total unbedarft und unerfahren … Wir hatten uns immer weniger zu sagen. Es wurde eine Art Schweigeehe, eine innerlich tote Beziehung«. Die Scheidung ging schließlich von ihr aus, nach einem doppelten Schicksalsschlag, dem Tod ihrer Mutter sowie ihres Chefs und dem sich anschließenden Verlust des Arbeitsplatzes.

Beiden ging es nach eigenen Beschreibungen so elend wie nie zuvor. Sie musste alleine in einem schlecht bezahlten Job auskommen, er kämpfte plötzlich auf sich alleine gestellt mit schweren psychischen Problemen. Es grenzt eher an ein Wunder, dass sich die beiden heute, jeweils in neuen Beziehungen, gegenseitig als ihre besten Freunde bezeichnen. Der Grund klingt so einfach, wie er in der Umsetzung fast unmöglich erschien: Die beiden begannen zu reden. Nach einer längeren Phase des Schweigens, nach einer Therapie, nach der Korrektur der Bilder, die beide sich jeweils vom anderen gemacht hatten – die keinem der beiden gerecht geworden waren.

Die Freundschaft zwischen Ulla, der ehemaligen Sekretärin, und Helmut, dem ehemaligen Postbeamten, dürfte sicher noch zu den Ausnahmen zählen. Ihre Enkelgeneration wird die Geschichte und die Freundschaft zwischen dieser Oma und diesem Opa bereits als ganz gewöhnlich und alltäglich erleben.

Die lieben Frollegen

Willkommen in der neuen Arbeitswelt: Wenn Kollegen zu Freunden werden

Eine Abteilung in einer Firma im kanadischen Burnaby. Sechs junge Menschen sitzen in einem hermetisch abgeriegelten Raum, dem sogenannten Pod, an ihren Computern. Die meiste Zeit ihres Arbeitstags verbringen sie damit, Spiele zu entwickeln. Zwischendurch klären sie die wichtigen Fragen des Lebens.

MARK: »In deiner Beschreibung stehe ich ja als totale Flasche da, Ethan.«

ETHAN: »Ich habe nur die Fakten zusammengestellt, Mark.«

MARK: »Mein Leben gibt doch wohl mehr her als das, Ethan.«

ETHAN: »Warum kannst du nicht wie jeder andere hier als Comicbildchen eines Menschen glücklich sein?«

MARK: »Du verstehst nicht – ich bin *ich* – ich habe eine *Seele.*«

ETHAN: »Aber Mark, du bist ja richtig besessen von diesem Individualitätsgedusel. Erfreu dich deiner Durchschnittlichkeit, so wie John Doe.«

Erfreulicherweise hat Ethan Harrison Jarlewski einen guten Tag und gibt Mark doch noch die Chance, sein Persönlichkeitsprofil aufzubessern. Er hatte es kurz zuvor über all seine Kollegen inklusive sich selbst angefertigt. Auslöser war ein Streit darüber gewesen, wer von den Entwicklern zu Recht als »Gefühlskrüppel« bezeichnet werden dürfte. Ethan entwickelte daraufhin eine Kurzcharakteristik in Tabellenform. Unter anderem erfasste er die bevorzugte Raumtemperatur, auffällige Störungen, das Lieblingslied beim Karaoke, die bevorzugten Nahrungsmittel am Arbeitsplatz sowie die Lieblingsfiguren in der Serie *Simpsons.*

Jenem Mark attestiert er eine »krankhaft aufgeräumte Arbeitsecke, ohne den kleinsten Hinweis auf sein Innenleben – nicht mal ein Schnappschuss oder irgendwelcher Anime-Nippes«. Wie sich anschließend herausstellt, handelt es sich dabei um die Folgen eines mittelschweren Traumas, das Mark mit Bleistiften aus Schokolade und einem Tacker aus Marzipan kompensiert.

Meiner Erfahrung nach hat der kanadische Schriftsteller Douglas Coupland bei seinen Figuren des Romans *JPod* kein bisschen übertrieben. Nicht dass ich Expertin für das Innenleben in geschlossenen Spieleentwicklungsabteilungen wäre. Aber den Alltag des gewöhnlichen Bürodaseins kenne ich mittlerweile ganz gut. Man kommt sich dort näher als so manchem fernen Verwandten. Auf dieser Grundlage könnte ich problemlos diverse Persönlichkeitsprofile erstellen, mein eigenes inklusive. Seit etwas mehr als zehn

Jahren arbeite ich als angestellte Journalistin bei Zeitungen. Die Büros haben gewechselt, die Umgangsformen unter Kollegen nicht so sehr.

Man war und ist grundsätzlich per Du. Auf den Bildschirmen sind Fotos der Partner und/oder Kinder hinterlegt. Praktischerweise lernt man auf diese Weise bereits am ersten Arbeitstag die Familie der Kollegen kennen. Bei der schnellen Pause am neumodischen Kaffeekapselautomaten oder in der Bio-Kantine tauscht man Laktoseintoleranzen sowie grundsätzliche nahrungspolitische Einstellungen aus. Ich hatte oft noch keine Zeile eines neuen Kollegen gelesen, als ich bereits wusste, dass er bei jeder Kapsel »Nespresso« ein schlechtes Öko-Gewissen hat, aus Bequemlichkeit und »weil's halt schmeckt« jedoch nicht auf eine andere Kaffeekochmethode umsteigen wollte. Bei einem neuen Partner dauert es mitunter bis zur ersten gemeinsamen Nacht, bis man in solche Gewohnheiten und Schwächen eingeweiht ist.

Die meisten meiner Kollegen hatte ich innerhalb einer Woche auch näher kennengelernt, als das unter rein freundschaftlichen Bedingungen geschehen wäre. Sah eine schlecht gelaunt aus bei ihrem Guten-Morgen-Gruß, ließ ein kurzes Gespräch über Beziehungsprobleme nicht unbedingt lange auf sich warten. Irgendwie muss man ja trotzdem nett in den Arbeitstag kommen. Ein Austausch ermöglicht das. Eine andere Kollegin kämpfte sich von Halbjahr zu Halbjahr durch eine andere Diät. Sie war ein aufgeklärtes weibliches Wesen. Dennoch ließ sich in Sachen Gewichtsmanipulation nichts machen. Sie beharrte auf den Maßnahmen und deren ausführlicher Besprechung.

Härtere Interventionen verbieten sich in solchen Situationen von selbst. Schlussendlich sind Diäten und andere familiäre Probleme Privatsache, im Zweifelsfall darf man sich raushalten. Das ist das Praktische am kollegialen Verhältnis. Leider verhindert es mitunter auch nicht, dass das Gespräch über die Diät zu den Problemen mit der pubertierenden Tochter und anderen nahestehenden Menschen wechselt. Meist geht einen das dann gar nichts mehr an – es sei denn, man hat sich über all die Arbeitstage tatsächlich angefreundet. Die modernen Arbeitsbedingungen erleichtern das. Nicht selten herrscht plötzlich eine Vertrautheit über die Trennwände der Großraumwaben hinweg, die man sonst nur aus Schulzeiten kannte. Wer sich jeden Tag sieht und an gemeinsamen Zielen arbeitet, kommt sich näher.

Der Schweizer Psychologe und Coach Philipp Johner geht sogar so weit und bezeichnet den Ort der Arbeit als eine besonders gut geeignete »Brutstätte für Freundschaften«. Dort würden gemeinsame Ziele verfolgt und gemeinsame Wege beschritten. Mit etwas weniger Psychologenpathos lässt sich auf jeden Fall festhalten, dass die meisten Menschen auch heute noch die meiste Zeit ihres Lebens im erwerbsfähigen Alter in Büros oder an sonstigen festen Arbeitsorten verbringen. Die Wahrscheinlichkeit, dort auf andere Menschen zu treffen, die einem nach und nach vertrauter werden, manchmal sogar zu Freunden über den Arbeitsplatz hinaus, ist schlicht höher als im nächstgelegenen Fitnessstudio. Dort wollen die meisten nur möglichst effizient und in Ruhe ihren Körper trainieren.

Nach einem Bericht des Online-Karrierenetzwerks

e-fellows.net gab immerhin jeder dritte Deutsche 2011 bei einer Befragung des Markt- und Meinungsforschungsinstituts Gallup an, einen besten Freund im Job zu haben – einen sogenannten Frollegen. Diese spielerische Wortkombination aus Freund und Kollege hat sich mittlerweile fest im Sprachgebrauch etabliert. Zunächst bringt diese Beziehung ein naheliegendes Wohlgefühl mit sich: Wer am Arbeitsplatz einen Kollegen zum Freund hat, ist im Durchschnitt 40 Prozent zufriedener mit seinem Job als diejenigen Kollegen ohne einen solchen Freund, wie die Wissenschaftsjournalistin Carlin Flora herausfand.

An manchen Arbeitstagen erhöhte sich meine Zufriedenheit bereits, wenn ich über den Bildschirmrand einen kurzen Blick in das Gesicht meines Frollegen Anton werfen konnte, während ich das Telefon für einen klitzekleinen Moment auf laut stellte. Das Feedback von Kollegen und Kolleginnen, gerne auch von engagierten Leserinnen und Lesern war für eine Zeitungsredakteurin nicht immer leicht zu verdauen. Manchmal kam ich erst in Minute zehn der Anklage zu einem kurzen Einschub: »Entschuldigung, könnte ich kurz zu Ihren Einwänden etwas sagen?« Dann war ich zu weiteren unendlichen Minuten zum Schweigen verdammt. Bis Anton mir einen bestätigenden Blick schenkte. Ich sagte schließlich: »Vielen Dank für das Feedback, tschüühüss«, und legte auf.

Rückversichern konnte ich mich zwar bei einigen anderen Kollegen von damals auch. Das offene Gespräch wollte ich aber nur mit Anton führen. Wir verkrümelten uns meist in die Raucherecke auf dem Hof, verunglimpften alle Leser der Welt mit kreativen Wortschöpfungen, bis ich endlich fragte: »Sag mal, war der Text an der Stelle echt unverständlich?« Anton durfte dann seine Stirn runzeln und brummeln: »Hm, na ja, ich sag mal: eventuell.« Mit zunehmender Dauer unser beider Arbeitsverhältnisse verlagerte sich diese Form der Nachbesprechung des Arbeitstags gerne auch in die nahe gelegene Kneipe. Nicht selten entstanden dort nach entladenem Frust gute, neue Ideen. Als wir uns besser kannten, wechselte das Gespräch nach den beruflichen schließlich auf private Themen.

Wie in vielen anderen Freundschaften auch ging es um das Vertrauen, Schwächen teilen zu können – aber auch Stärken. Letzteres ist unter Kollegen oft noch schwieriger. Vor allem unter Frauen, besonders unter Frolleginnen bleiben Neid und Eifersucht ein oft unterschätztes Problem. Im Gegensatz zu Männern wurden Frauen lange Zeit ohne ein positives Bewusstsein für Leistung und Erfolg sozialisiert.

Während Männer ganz selbstverständlich rivalisieren und – bis zu einem gewissen Maß – sogar dabei befreundet sein können, begreifen Frauen ihre strebsame Frollegin schnell als Konkurrentin oder gar Feindin, nicht als anspornende Herausforderung. Die Psychologin Verena Kast sieht jedoch gerade Freundschaften als mögliche Rückenstärkung für das Berufsleben an, wenn es gelingt, mit Neid konstruktiv umzugehen. Das bedeutet: Weg mit der beliebten Ansicht: »Was ich nicht kann oder habe, darf die auch nicht können oder haben!« Her mit der Haltung: »Was die kann, könnte ich vielleicht auch schaffen.«

Eine schöne Utopie.

Je mehr Frauen hauptberuflich in die Arbeitswelt drängen, umso stärker sind auch sie mit dem Thema Freundschaft unter Kollegen konfrontiert. Das gilt nicht nur für kreative und projektbezogene Arbeitende, wie es die meisten in meinem Bekannten- und Freundeskreis sind. Eine Befragung der *WirtschaftsWoche* unter Mitarbeitern der Targobank in Düsseldorf ergab, dass für sie Freundschaft am Arbeitsplatz unabhängig von Geschlecht, Alter und Position ein wichtiges Thema ist. Angestellte empfinden mehr Spaß an ihrer Tätigkeit, sie genießen ein größeres Gefühl der Solidarität. Falls sie Hilfe benötigen sollten, so gaben die Befragten an, wüssten sie einen Ansprechpartner.

Der Philosoph Wilhelm Schmid sieht in dieser Form der partnerschaftlichen Kooperation eine Bedeutung über den Job hinaus. »Mit freundlichen Kollegen vertrauensvoll zusammenarbeiten zu können und ihre Anerkennung zu erfahren ist Teil eines sinnerfüllten Lebens.« Deutlich werde dies, wenn man sich das Gegenstück dazu vor Augen halte: das Mobbing. »Ohne Kollegialität und Anerkennung sind Menschen hingegen einer Erfahrung von Sinnlosigkeit ausgesetzt.« Das Prinzip der Stärke durch Kooperation, so Schmidt, sei eigentlich ein evolutionäres Konzept, das Menschen nur leider immer wieder vergäßen.

In modernen Arbeitsformen wie den sogenannten Coworking Spaces sieht Schmid eine Wiederentdeckung des Prinzips. An diesen Orten teilen sich Menschen aus den verschiedensten Berufen, meist Selbstständige, aber auch Angestellte auf Reisen, für eine gewisse Zeit die Infrastruktur eines Büros. Internet, Schreibtisch, Telefone, Kopierer und andere Hilfsmittel können befristet gemietet werden. Meist führe dieses Nebeneinander zu einem Austausch in

Pausen oder vor Arbeitsbeginn, so Schmid, der eine wechselseitige Inspiration ermögliche.

Aber auch für Arbeitgeber hat die freundschaftliche Kollegialität einen positiven Nebeneffekt. Der Organisationspsychologe Francis Flynn von der Stanford University untersuchte den Einfluss von Freundschaft unter Kollegen auf ihre Arbeit. Er kam laut e-fellows.net zu dem Ergebnis, dass Frollegen produktiver sind als jene, die sich stur auf ihre Arbeit konzentrieren.

Die globale Wirtschaftswelt hat sich stark verändert, doch ein grundsätzliches Ziel ist gleich geblieben. Es geht nach wie vor darum, die Produktivität stetig zu steigern. Wenn Computer blitzschnell rechnen, Roboter nebeneinander am Fließband stehen und die monotonen Arbeiten mit maximaler Präzision verrichten, müssen Unternehmen bei ihrer Effizienzsteigerung woanders ansetzen. Die Mitarbeiter sind heute eine wichtigere Ressource geworden als die Technik – die hat man schließlich sicher. Wie aber lässt sich garantieren, dass stets neue Ideen zur Verfügung stehen? Wie lässt sich die kreative Produktivität steigern? Diese Frage dominiert heute die Arbeitswelt und sorgt nicht zuletzt für gefüllte Auftragsbücher bei den Job-Effizienz-Trainern, den sogenannten Coaches.

Zunächst besteht ihre Aufgabe schlicht darin, mit den Mitarbeitern zu reden. Vertrauen aufbauen, Nähe herstellen. Wenn alle Unzufriedenheit rausgelassen ist, beginnt Phase zwei: den ganzen Unmut in konstruktive, also kreative Bahnen lenken. Als ich einmal einer Vertreterin dieses Berufsstands bei ihrer Arbeit zusehen durfte, musste ich sie sehr für ihre Ausdauer bewundern. Der zu coachende

Mitarbeiter hatte bereits zu Beginn des Gesprächs deutlich gemacht, dass er den Sinn des Gesamtunternehmens mit seinen Führungspersönlichkeiten nicht mehr sehe und kurz davor sei zu kündigen. Die Coachin nickte und lächelte verständnisvoll. »Was müsste sich denn ändern, damit Sie bleiben wollten?«, fragte sie und blickte ihrem Gegenüber zuversichtlich in die Augen. »Nichts«, sagte der und korrigierte sich: »Also alles.« »Aha«, entgegnete die Coachin. »Gut. Vielleicht bleiben wir bei dem Stichwort ›alles‹. Wir sind ja schließlich hier, um auszuloten, wie wir hier ein noch kreativeres Umfeld schaffen können.«

Zugegeben, bei diesem Beispiel blieb kein großer Spielraum. Die meisten anderen Unternehmen mit einem weniger vergifteten Betriebsklima lassen sich mittlerweile so einiges einfallen, um den Arbeitsplatz so zu gestalten, dass die Mitarbeiter ein »noch kreativeres Umfeld« vorfinden.

Personalmanager sprechen gerne von der »Wohlfühlqualität«, die im Büro herrschen müsse. Jörg Kelter vom Fraunhofer-Institut für Arbeitswirtschaft und Organisation hat den Zusammenhang auf folgende griffige Formel gebracht: »Wer sich gut fühlt, leistet mehr!« Denn je mehr Wohlfühlqualität und Attraktivität im Büro entstehe, desto mehr trage dies insgesamt zur »Unterstützung der Office-Performance« bei. Die Folge sind nicht nur veränderte Speisepläne in Kantinen, die mittlerweile oft sogar vegane Kollegen glücklich machen. Viele Firmen haben sich so einige Bespaßungsmittel aus der Dotcom-Start-up-Welt abgeschaut.

Wer bei einer der Ikonen der Informationsindustrie arbeitet, muss zum Beispiel keine Treppen steigen, sondern kann mithilfe eines ausgeklügelten Rutschensystems direkt von seinem Arbeitsplatz in die Kantine sausen. Kickertische sind heute keine Seltenheit mehr in Aufenthaltsräumen. Wer als Unternehmen etwas auf sich hält, bietet seinen Mitarbeitern subventionierte Massageangebote. Mancherorts zählt nicht mehr nur die alljährliche Weihnachtsfeier, sondern das immer wieder stattfindende Mitarbeiterevent. Eine Bekannte von mir war neulich Bowlen. Mit ihren Kollegen und dem Chef. Nach allem, was ich weiß, war sie angetan, obwohl sie zu Beginn nicht mal die Regeln kannte.

Die Intention der Arbeitgeber ist leicht nachvollziehbar. Aktionen wie diese führen dazu, dass sich die Mitarbeiter stärker als eine vertraute Gruppe wahrnehmen und sich in diesem Team wohlfühlen. Der Coach Philipp Johner spricht von einem »Leistungskollektiv«, das über den Leistungsauftrag hinaus eine »sinnstiftende Kulturgemeinschaft von Begabten« bilde. Dieser Kulturgemeinschaft diene »man als Einzelner in verschiedenen Rollen gerne«; mit ihr biete man »gemeinsam auf dem Markt an, dem Wohl vieler zu dienen.« Gedient ist damit selbstverständlich auch dem Unternehmen. Aber auch den Mitarbeitern?

»Wir sind in dieser Situation ›Anwälte unserer gegenseitigen Zukunft‹«, schreibt Johner. Da er Freundschaft in seiner Abhandlung über das erfüllte Leben grundsätzlich als »Anwalt der Zukunft« definiert, liegen bei Johner die allseits geforderte Teamfähigkeit und die persönliche Beziehung der Freundschaft praktischerweise nahe beieinander. Zwar gibt der Coach freimütig zu, wie schnell der Zusammenhang von Leistung, Bezahlung und Freundschaft pervertierbar ist, wie schnell Vertrauen instrumentalisiert werden kann. Dennoch sieht er schon aus Berufsgründen eine große Chance im freundschaftlichen Umgang am Arbeitsplatz. Für das Wohl des Unternehmens, ergo der Mitarbeiter, sei es zwingend, diesen sogar auf die Kunden zu übertragen. Wer dies bisher noch nicht bedacht haben sollte, dem gibt Johner zwölf Fragen zum täglichen Training von Freundschaft im Beruf an die Hand.

Mir persönlich verursachen Anleitungen wie die von Johner Gänsehaut. Beim Lesen werde ich das Gefühl nicht los, in einen Spiegel zu blicken, der eine angenehme Entwicklung verzerrt, ausnutzt und den Gesetzen der Effizienz unterordnet. Unter meinen Kollegen waren immer Frollegen. Unter meinen jetzigen Freunden sind ein paar wenige ehemalige Frolleginnen und Frollegen geblieben, auch seitdem wir nicht mehr das Büro teilen. Wenn ich in den Spiegel all der Personalmanager und Coaches blicke, bleibt ein eher gemischtes Gefühl angesichts der zunehmenden Privatisierung der Arbeitsplätze. Ich liebe meinen Feierabendwein mit ausgewählten Kollegen. Ich erzähle manchmal auch Privateres. Andererseits frage ich mich auch schnell: Was bleibt, wenn man die Arbeit als Thema und Gemeinsamkeit abzieht?

Noch nie zuvor waren Freizeit und Arbeitszeit derart ineinander verschwommen wie heute. Die sozialen Netzwerke im Internet haben diesen Prozess beschleunigt. Selbst auf reinen Karriere- und Berufsportalen wie LinkedIn oder Xing werden die Grenzen schnell überschritten. Die Studie »European Professional Online Networking« von 2008 zeigt, dass zwei Drittel der deutschen Online-Business-Networker geschäftliche und berufliche Kontakte vermischen. LinkedIn, das die Studie in Auftrag gegeben hat, reagierte darauf mit einer eigenen Netikette – einem Katalog an Benimmregeln für Frollegen. Sie sollen vor allem vermeiden, private Informationen in einem beruflichen Umfeld zu veröffentlichen. Dies könne negativen Einfluss auf die Seriosität der entsprechenden Person haben.

Vermutlich würde jeder sofort zustimmen. In der Realität geht es jedoch längst um sehr viel mehr als eine Frage der Selbstdisziplin. Der Zukunftsforscher Horst Opaschowski spricht bereits nicht mehr von der bekannten Work-Life-Balance, um die es im modernen Berufsleben gehe. Die Grenzen zwischen Berufs- und Privatleben werden gezielt so weit verwischt, dass die Beschäftigten oft den Arbeitsplatz attraktiver fänden als das Zuhause. Zumindest sei dies das Ziel vieler Unternehmen. In der Folge erleben viele einen Verlust an wertvoller Sozial- und Familienzeit, so Opaschowski. »Es wird immer schwieriger, beständige soziale Kontakte und familiäres Zusammensein zeitlich zu koordinieren.«

Unter diesen Umständen bliebe eigentlich nur die Lösung, alle Lebensbereiche zu vereinbaren: Persönliche, familiäre und berufliche Beziehungen müssten an einem Ort stattfinden – dem gemeinsamen Arbeitsplatz. Man lebte wie in früheren Zeiten in einer Großfamilie, wenn nicht gar in einem ganzen Belegschaftsstamm. Leider dürfte man dann auch niemals kündigen. Das käme einem Verrat an seinen Freunden und dem Rest der Familie gleich.

Wenn sich die persönlichen Beziehungen nicht mehr klar abgrenzen lassen, wird aus dem Glück der freundschaftlichen Arbeitsumgebung schnell eine Last. Ich weiß noch gut, wie anstrengend unser aller Arbeitstage plötzlich wurden, als sich zwei befreundete Kollegen heftigst zerstritten hatten. Sie heulten sich abwechselnd bei uns aus und versuchten mit aller Kunstfertigkeit, uns auf die jeweilige Seite zu ziehen. Miteinander sprachen die beiden kein Wort mehr – was angesichts gemeinsamer Dienste und Projekte schon beinahe unkollegiale Ausmaße annahm. Die Situation ließ sich erst auflösen, als einer von beiden ein Angebot bei einem anderen Arbeitgeber angenommen hatte.

Vor allem die jüngeren Arbeitnehmer, die die meiste Zeit ihres Berufslebens noch vor sich haben, wollen sich mit dieser Vermischung nicht mehr abfinden. So stellten etwa Autoren des Magazins *Neon* 15 Forderungen auf, die sie an ihre zukünftigen Arbeitgeber hätten. Titel des Heftes und Devise der Geschichte lautete: »Glück statt Karriere. Weniger Stress, mehr Freiheit: Warum wir jetzt selbst bestimmen wollen, wie wir arbeiten.« Eine der Forderungen lautete: »Wir wollen unsere Chefs wieder siezen.« Das Du empfanden sie als gefährlich, da eigentlich rein berufliche Kontakte so automatisch persönlich würden. In einer weiteren Forderung ging es um die Gestaltung der Büros. Statt der vermeintlich teamorientierten Großraumbüros wünschten sich die Autoren »eine stille Kammer alleine, wo man nicht dem Kollegen zuhören muss, der von seinem Grillfest erzählt.«

So unterschiedlich die einzelnen Forderungen waren, sie liefen im Kern alle auf das gleiche Ziel hinaus: Arbeit und Privatleben sollten wieder stärker getrennt werden können. Vor allem sollte das Privatleben nicht mehr der Karriere untergeordnet werden, nur weil die Unternehmen zum Beispiel keine flexiblen Arbeitszeitmodelle anbieten.

Momentan stehen die meisten Arbeitnehmer früher oder später nicht nur vor der Frage, wie sie ihr Privatleben mit der Arbeit vereinbaren können, sondern wo genau die Grenze zu ziehen ist. Wer ist nun ein privater Freund und wer ein reiner Kollege oder gar Kunde respektive Auftraggeber? An welchem Punkt verwechselt man gute Zusammenarbeit mit Freundschaft? Ab wann ist ein Zuviel an Vertraulichkeit eher eine Belastung der kollegialen Beziehung, ab wann markiert sie den Beginn einer Freundschaft?

Besonders schwer lassen sich diese Fragen beantworten, wenn es sich um kreative Tätigkeiten handelt. Nicht allen gelingt, was den beiden Komikern Stan Laurel und Oliver Hardy gelungen ist. Sie wurden nicht nur als legendäres Slapstick-Duo alias Stan and Olli (zu deutsch Dick und Doof) berühmt, sondern gelten als legendäres Freundespaar. Beide Schauspieler haben sich im Laufe ihrer langjährigen Zusammenarbeit tief angefreundet – und das, obwohl sie mitunter eine sehr unterschiedliche Arbeitsmoral hatten. Stan galt als der kreative Kopf, der auch für Drehbücher und Gags verantwortlich zeichnete. Ollie konzentrierte sich als Schauspieler nach den Dreharbeiten lieber auf Golfspielen und Pferderennen.

Das Tückische im gewöhnlichen Berufsalltag ist, dass sich die Frage nach der Qualität des Verhältnisses oft erst beantworten lässt, nachdem einer der Beteiligten den Arbeitsplatz verlassen hat. Im persönlichen Durchschnitt würde ich sagen, dass ich von jeder Tätigkeit bei einem Arbeitgeber zwei gute Freunde und/oder Freundinnen behalten habe – Studium und Schule mit eingerechnet. Das Besondere an den Freundschaften bleibt mit Sicherheit die Tatsache, sich gegenseitig in absoluten Stresssituationen kennengelernt zu haben. In diesen Ausnahmezuständen verhalten sich die meisten Menschen unverstellt und spielen keine Rollen mehr. Anschließend darf man sie mit allem Recht der Welt unerträglich finden – oder besonders liebenswert.

Ausblick:
11 000 Freunde sollt ihr sein!

Warum wir in Zukunft mehr Freunde brauchen und haben werden

Ein Bistro in einer Stadt in Frankreich. Mittagszeit. Ein Mann in Jeans und Flanelljacke und ein Mann in legerem Anzug sitzen sich gegenüber. Der Tisch ist eingedeckt, ein Brotkorb steht bereit.

FRANÇOIS: »Darf ich Ihnen mal eine Frage stellen?«

BRUNO: »Ja, kommt darauf an, ob ich mich damit auskenne.«

FRANÇOIS: »Also, im Moment versuche ich, Freunde zu finden, na ja, ich meine, alte Freunde wiederzufinden, wissen Sie, Menschen auf die ich im Notfall zählen könnte. Wenn ich irgendwann sterbe, wer würde zu meiner Beerdigung erscheinen?«

BRUNO: »Ach, na ja, Sie werden sicher da sein.«

Beide lachen verschämt.

BRUNO: »Wieso liegt Ihnen so viel daran, Freunde zu finden?«

FRANÇOIS: »Es gibt Gründe.«
BRUNO: »Aber wenn es nur um die Leute auf Ihrer Beerdigung geht, was bringt Ihnen das jetzt?«
FRANÇOIS *(macht eine lange Pause)*: »Einige sind Nieten im Sport. Ich bin es in der Freundschaft.«

Bisher ist der Antiquitätenhändler namens François trotzdem gut durch sein Leben gekommen. Das ändert sich, als er aus geschäftlichen Gründen die Beerdigung eines Kunden besucht, von dem er sich Erbstücke aus dem Nachlass erhofft. Er trifft dort auf eine eher kleine Trauergemeinde und sieht sich seither mit einem Problem konfrontiert, das zu den Klassikern des modernen Lebens gehören dürfte: Stellen Sie sich vor, es ist Ihre Beerdigung, und keiner geht hin!

Bei François ist die Wahrscheinlichkeit groß, dass das Horrorszenario eintrifft. Jedenfalls prophezeien ihm das einige seiner Bekannten. Der Geschäftsmann aus dem Film *Mein bester Freund* fürchtet jedoch weniger die damit einhergehende Einsamkeit, bevor er stirbt. Er sorgt sich vielmehr um seinen Status im Hier und Jetzt. Denn Erfolgsmenschen wie François mit angesehenem Job und viel Geld, aber ohne Freunde, also ohne soziale Kompetenz, gelten zunehmend als uncool. Das Pendant zur Gretchenfrage in Sachen Beerdigung lautet heute: Stellen Sie sich vor, Sie melden sich in einem sozialen Netzwerk an, und keiner will Ihre Freundschaftsanfrage positiv beantworten!

François geht daher bei einem Abendessen eine Wette ein: Innerhalb von zehn Tagen will er seinen Bekannten einen besten Freund vorstellen. Um sein Gesicht nicht zu verlieren, bittet er den geselligen Taxifahrer Bruno um Hilfe: Er soll ihm beibringen, wie man Freunde – vor allem aber einen besten Freund – findet.

Die Erzählung vom einsamen Geschäftsmann, der alle Beziehungen ökonomischen Interessen unterordnet und sie meistens überhaupt nur aus wirtschaftlichen Gründen eingeht, gehört zum festen Repertoire unserer modernen Kultur. Im digitalen Zeitalter ist sie aktueller denn je. Erfolg macht längst nicht mehr viele Freunde. Eher schon ist es umgekehrt: Viele Freunde machen den Erfolg aus.

Weite Freundeskreise sind selbst zu Statussymbolen geworden. Sie lassen sich nicht so einfach erarbeiten und planen wie vielleicht Karrieren oder auch Geld. Sie setzen sogar oft Geld und einen gewissen Status voraus. Sie brauchen zudem ständige Pflege, sie fordern von einem selbst Verlässlichkeit, bevor sie diese zurückgeben. Umzüge, Trennungen, Scheidungen erschweren dies.

Meist lässt bereits das alltägliche Leben wenig Platz für die Gestaltung des Soziallebens. »Immer wenn man die Freunde braucht, sind sie nicht da!« – Dieser Gedanke gehört wahrscheinlich ebenso zum Repertoire eines modernen Menschen wie seine tägliche Statusmeldung auf Facebook. Den blinden Fleck dabei übersehen viele gerne: Selbstverständlich ist man selbst oft genau dann nicht für die anderen da, wenn sie einen brauchen. Freunde beanspruchen Zeit. So gesehen sind Freundschaften eine der größten Investitionen, die wir künftig eingehen werden – und eine der erstrebenswertesten.

Dafür gibt es mehrere Gründe. Einer liegt in einem tieferen Bewusstseinswandel, den vor allem die jüngeren Generationen bereits vollzogen haben. Finanz- und Umweltkrisen gehen auf Dauer nicht spurlos an einer Gesellschaft vorüber. Die Idee des ständigen Wachstums gilt nicht mehr allen als Leitziel. Die Definition von Wohlstand ändert sich langsam, aber nachhaltig. Zukunftsforscher Horst Opaschowski geht davon aus, dass eine der nachhaltigsten Ressourcen die Solidarität zwischen den Generationen sein wird.

Überall dort, wo die ökonomische Kraft sinkt, wie es gerade in vielen Teilen der Welt geschieht, müsse der Wert einer Gemeinschaft auf Gegenseitigkeit wiederentdeckt werden. In der Folge werde auch Wohlstand neu definiert: »Wohlhabend ist der, der mit sich zufrieden ist und gut und glücklich leben kann«, so Opaschowski. Der neu entdeckte Wert der Solidarität wäre damit in erster Linie nicht einmal altruistisch motiviert. Unser Leben erscheint uns eigennützig wertvoller, wenn wir es konsumärmer, aber beziehungsreicher gestalten.

Was mich und meine bevorzugte Entscheidung gegen einen Umzug nach Hamburg angeht, hat die Prognose von Opaschowski einen angenehmen Effekt: Ich liege demnach voll im Trend. Nicht ich bin komisch, sondern all jene Menschen sind es, die weiterhin ganz selbstverständlich einfordern, dass das Berufsleben dem sonstigen Sozialleben übergeordnet werden müsse. Im Gegenteil: Ich sorge mit der Pflege meiner Freundschaften für ein ebenso gutes Zukunftsfundament wie mit meiner Riester-Rente. Denn vor allem für das Alter, so lautet eine der großen Gesellschaftsprognosen, würden gute, langjährige Sozialkontakte immer wichtiger.

Die zweite Heidelberger Hundertjährigen-Studie am Institut für Gerontologie etwa hat ergeben, dass sich Optimismus und Spaß an sozialen Kontakten nicht nur positiv auf die Lebensdauer, sondern auch auf die Zufriedenheit auswirken. Studienleiterin Daniela Jopp von der Fordham University in New York hat sich vor allem mit den psychologischen Aspekten des Alterns befasst. Wie die *Süddeutsche Zeitung* berichtet, kommt sie zu folgendem Schluss: »Wer etwas für einen intakten Freundeskreis tut, kann auch im Alter ein erfülltes Leben haben.«

Wie man neuerdings auch naturwissenschaftlich belegen kann, wirkt sich das Sozialverhalten nicht erst im Alter positiv auf das Lebensgefühl aus. Die Neurobiologie befasst sich unter anderem damit, wie Gefühle entstehen und welche Rolle sie für das Sozialverhalten spielen. Der portugiesische Wissenschaftler Antonio R. Damasio beschreibt in seinem Buch *Der Spinoza-Effekt*, wie im Gehirn durch emotionale Reize Gefühle entstehen und sie das Zusammenleben beeinflussen. Bei Patienten, deren Gehirne in entscheidenden Bereichen geschädigt worden war, stellten Neurobiologen zum Beispiel die Unfähigkeit zur Empathie fest.

Mitgefühl ist jedoch nicht nur Voraussetzung, um mit anderen Menschen zu kooperieren oder sich mit ihnen anzufreunden. Die Freunde können wiederum emotional besetzte Reize bedienen, wie etwa das Anerkennungsgefühl für Hilfe. In der Folge fühlt sich der Mensch dankbar, stolz, glücklich. Damasio geht sogar so weit, dass wir unser soziales Wissen im Gehirn lernen. Freunde spielen dabei eine zivilisatorisch nötige Rolle: Über diese Beziehungsform üben wir Sozialverhalten.

Wie wichtig gute soziale Kontakte unabhängig von der Arbeitswelt sein können, erfahren die meisten Menschen heute, wenn sie in Rente gehen. Viele treten den eigentlich lang ersehnten Ruhestand an und stehen plötzlich vor einem ganz neuen Problem: Dort, wo bisher der lästige Beruf den Alltag ausgefüllt hat, ist nun Leere. Vor allem fehlt auch die Gesellschaft all jener Menschen, die so ein Arbeitsplatz mit sich bringt. Einige dieser jungen Älteren reagieren aktiv mit einer Lebensveränderung und wechseln etwa den Wohnort.

Das Magazin *Chrismon* erzählte in seiner Ausgabe zum Thema Heimat die Geschichte eines Ehepaars, das im Ruhestand beschlossen hatte, das Haus in der Provinz aufzugeben. Stattdessen zogen die beiden zu den Kindern und Enkeln nach Berlin. Interessanterweise hatten vor allem die Kinder damit Schwierigkeiten. Nicht etwa, weil sie die neue Nähe der Eltern schlecht fanden. Nein, sie hatten plötzlich selbst keine Anlaufstation mehr, wenn sie ihre alten Freunde in der Heimat besuchen wollten.

Einer meiner Kolleginnen erging es ähnlich. Seit ihre Eltern nach dem Ruhestand aufs – ihr – fremde platte Land gezogen waren, fand sie Weihnachtsfeste nur noch schrecklich. Was bitte sollte sie denn mit dem neuen Zuhause der Eltern anfangen, wenn sie nicht mehr am 24. Dezember abends all ihre alten Freunde in der alten Stammkneipe treffen konnte?!

Für die Eltern bergen diese Umzüge ein ähnliches Risiko. Die Mutter einer guten Bekannten, die ebenfalls zu ihren Enkelkindern in die Großstadt gezogen war, traf nach fünf Jahren eine neue Entscheidung: So gerne sie ihrer Tochter im Alltag unter die Arme griff, so gerne sie ihre beiden Enkelsöhne um sich hatte, so sehr vermisste sie dennoch ihren Freundeskreis. Schweren Herzens, aber mit sicherer Gewissheit zog sie wieder zurück aufs Land. Sie wohnt nun im selben Haus wie ihre langjährige beste Freundin – ein Stockwerk unter ihr. Drei- bis viermal besucht sie ihre Familie in Berlin. Den Rest des Jahres gestaltet sie mit ihren Freunden.

Nicht wenige unter den Silver Agers sind mittlerweile auch wieder Single und gehen nach Ende der Erwerbstätigkeit neue Wohngemeinschaften ein. Selbstverständlich handelt es sich bei all diesen Sozialkontakten nicht nur um enge und beste Freunde. Sie können im Alltag aber eine ähnlich positive Wirkung haben.

Der Philosoph Wilhelm Schmid weist in seinem aktuellen Buch darauf hin, dass neben guten und sehr guten Freunden gute Bekannte und nette Nachbarn seit jeher zu den Beziehungen eines Menschen gehörten, »die zum Sinn in seinem Leben beitragen können, wenn er sich nur ein wenig darum bemüht.« Die Zeit, in der gute Nachbarschaft als spießiger, provinzieller Wert galt, dürfte im Rückblick eher ein kurzes Intermezzo gewesen sein.

Vor allem in den Nullerjahren empfand man das moderne Nomadentum als zukunftsweisende Lebensform. Es war nicht nur Teil einer neuen Arbeitswelt, sondern wurde von den meisten auch als befreiend von ehemals einengenden Sozialbindungen wahrgenommen. Heute definiert Schmid all jene freundschaftlichen Kameradschaften, Kollegialitäten, Bekanntschaften und Nachbarschaften wieder als das »tragende Geflecht in der unüberschaubaren modernen Gesellschaft«. Deren Pflege sei zeitlich und energetisch nicht sonderlich aufwendig und komme dennoch allen zugute.

Heute hat sich eher wieder die Erkenntnis durchgesetzt, die Wladimir Kaminer mit dem ihm eigenen Augenzwinkern bereits vor einigen Jahren hatte: »Die Kinder werden groß und ziehen weg, die Eltern und die Großeltern sterben, aber die Nachbarn sind immer da, überall und allgegenwärtig. Wenn die einen wegziehen, sterben, heiraten oder auswandern, ziehen sofort andere nach«, schreibt er in seinem Buch *Meine russischen Nachbarn.* Sie seien demzufolge »die größte Prüfung unseres Lebens«.

Es war einer der angenehm warmen Sommertage am See, an dem ich zum ersten Mal seit Langem meine Städte-Punkte-Liste wieder überdachte. Wir lagen auf unseren Handtüchern, es war ruhig, die meisten anderen Städter befanden sich an Stränden oder sonst wo im Urlaub. Nicht mal lästige Mücken gesellten sich dazu, ich blieb ungestört bei meinen Gedanken.

Nachbarn hatte ich als Unterpunkt auch auf der Liste notiert, pro Berlin. Vielleicht drücke ich mich damit aber auch nur vor einer Herausforderung, die so groß in Wahrheit gar nicht mehr sein dürfte? Wenn all die Zukunftswissenschaftler und Trendgenerationsforscher richtigliegen, müssten ja auch die Menschen in Hamburg ein gesteigertes Interesse an Sozialbeziehungen, mitunter eben auch an neuen Kontakten haben. Dementsprechend leicht müsste es sein, auch dort einen neuen, alltäglichen Freundeskreis aufzubauen – zusätzlich zu den bisherigen Freundeskreisen. Er muss ja nicht gleich alle guten Freunde ersetzen …

Da zupfte es plötzlich an meinem Rock, und eine aufgeregte Stimme ertönte freudig: »Mamiiii?!« Meine knapp dreijährige Tochter war offensichtlich auch mit wichtigen Gedanken beschäftigt gewesen. Jedenfalls strahlte sie übers ganze Gesicht, während sie mir voller Ungeduld ihre Neuigkeit zurief: »Mami, Florieke ist mein Freund! Und Oskar auch!«

Aha. Das Wort hatte ich bisher noch nie aus ihrem Mund gehört. Ich seufzte, kramte nach der Liste und malte einen kleinen, neuen Punkt unter Berlin. Wir bleiben – erst mal.

Danksagung

Freundschaften brauchen Zeit, Bücher auch. Freundschaften leben von Vertraulichkeit. Ein Buch über Freundschaften bringt immer auch einen Bruchteil dieser Vertraulichkeit in die Öffentlichkeit. Umso mehr danke ich allen aus meinem Freundeskreis, die mir mit ihrem Verständnis, ihrem Rat und ihrer Anteilnahme zur Seite gestanden haben. Danke Natalie, Markus, Tobias, Peter, Gina, Sven, Jan, Céline und Sebastian, Vera, Claudia und Hans, Susanne und Elias, Deniz und dem Espera-Team. Eine Umarmung für meine Schwestern, mit denen mich eine besondere familiäre Freundschaft verbindet.

Ein Dank geht auch an die Frollegen, besonders an Jan Jasper für die Online-Expertise. Florian Glässing möchte ich danken für den Beistand bei der Entwicklung der Idee zu diesem Buch und Jörn Klare für die Vermittlung. Einen großen Dank an die Lektorinnen Leena Flegler und Beatrice Lampe, an Gerhard Seidl sowie all die KollegInnen vom Blanvalet Verlag für ihr Engagement.

Bleibt ein besonderer Dank an einen meiner besten Freunde: meinen Mann. Danke für die Geduld, die wertvollen Anregungen – und das Familienleben! Merci Rosalie und Henri.

Quellen- und Literaturverzeichnis

Aristoteles, *Formen der Freundschaft und Glückseligkeit.* In: Klaus-Dieter Eichler (Hg.), *Philosophie der Freundschaft.* Reclam 1999.

Sabine Asgodom, *Work-Life-Balance – Oder die Heilung des James-Bond-Syndroms.* In: Ulrich Winterfeld u. a. (Hg.), *Die Zukunft der Arbeit.* Frank & Timme, Berlin 2011.

Ann Elisabeth Auhagen, *Freundschaft und Globalisierung.* In: Wolfgang Hantel-Quitmann und Peter Kastner (Hg.), *Die Globalisierung der Intimität. Die Zukunft intimer Beziehungen im Zeitalter der Globalisierung.* Psychosozial-Verlag 2002.

Élisabeth Badinter, *Ich bin Du. Auf dem Weg in die androgyne Gesellschaft.* dtv München 1994.

Élisabeth Badinter, *Die Wiederentdeckung der Gleichheit. Schwache Frauen, gefährliche Männer und andere feministische Irrtümer.* Ullstein Verlag 2004.

Ulrich Beck, *Risikogesellschaft.* Suhrkamp 1986.

Hans Bertram, *Siebter Familienbericht der Bundesregierung,* 2006.

Katrin Blawat, *Soziale Kompetenz in den Genen*. In: *Süddeutsche Zeitung* vom 10.01.2013.
www.sueddeutsche.de/wissen/verhaltensbiologie-soziale-kompetenz-in-den-genen-1.1569384

Liane Borghardt, *Der Freund im Büro*. Auf: e-fellows.net, 01.10.2011.
www.e-fellows.net/KARRIEREWISSEN/Aktuell/Frollegen

Lydia Brakebusch, *Wieder beste Freunde*. In: *Der Tagesspiegel* vom 02.09.2012.

Heinz Bude, *Die Aktualität der Freundschaft*. In: *Mittelweg 36*, 3/2008.

Nicholas A. Christakis, James H. Fowler: *Connected! Die Macht sozialer Netzwerke und warum Glück ansteckend ist*. Fischer 2010.

Douglas Coupland, *JPod*. Tropen bei Klett-Cotta 2011.

Antonio R. Damasio, *Der Spinoza-Effekt. Wie Gefühle unser Leben bestimmen*. List Taschenbuch 2004.

Holger Dambeck, *Die Macht der besten Freunde*. Spiegel Online 12.09.2012. www.spiegel.de/wissenschaft/mensch/facebook-experiment-die-macht-der-besten-freunde-a-855195.html

Keith E. Davis, *Liebe ist: Freundschaft plus …* In: *Psychologie Heute*, Heft 7/1985.

Manfred Dworschak, *Ich liebe dich so fucking vieel <3*. In: *Der Spiegel* Nr. 42, 15.10.2012.

Klaus-Dieter Eichler (Hg.), *Philosophie der Freundschaft*. Reclam 1999.

Carlin Flora, *Richtig gute Freunde. Wie Freundschaften uns prägen und bereichern*. Goldmann Verlag 2013.

Sigmund Freud, *Das Unbehagen in der Kultur: Und andere kulturtheoretische Schriften*. Fischer Verlag, 10. Aufl., 2007.

Tina Goebel und Angelika Hager, *Wahlverwandtschaft*. In: *Profil*, Heft 16/2012.

Christoph Grabitz, *Hallo, wir kommen zu euch!* In: *Chrismon* 6/2013.

Allan Guggenbühl, *Von der Bedeutung des Mannseins*. In: Ruedi Josuran, *Von Mann zu Mann. Männerfreundschaft – Männerkommunikation*. Orell Füssli Verlag 2006.

Fritz Habekuß, *Das Geheimnis der 110-Jährigen*. In: *Süddeutsche Zeitung* vom 21.02.2013.

Margret Hansen, *Freundinnen. Freundschaftserfahrungen in weiblichen Biographien*. Waxmann 2009.

Eva Illouz, *Die Errettung der modernen Seele: Therapien, Gefühle und die Kultur der Selbsthilfe*. Suhrkamp 2009.

Philipp Johner, *Freundschaft. Was es für ein erfülltes Leben braucht*. Fischer Verlag 2012.

Wladimir Kaminer, *Meine russischen Nachbarn*. Goldmann 2009.

Immanuel Kant, *Eine Vorlesung über Ethik*, Fischer 1990.

Verena Kast, *Die beste Freundin. Was Frauen aneinander haben*. dtv 1995.

Jörg Kelter, *Auf dem Weg in die Zukunft – Trends und Produktivitätspotenziale für exzellente Bürowelten*. In: Ulrich Winterfeld u.a. (Hg.), *Die Zukunft der Arbeit*. Frank & Timme Verlag 2011.

Florian Kessler, *Mut Bürger – Die Kunst des neuen Demonstrierens*. Hanser Verlag 2013.

Adolph Freiherr von Knigge, *Über den Umgang mit Menschen*. Insel Verlag 1977.

Matthias Lohre, *Milde Kerle. Was Frauen heute alles über Männer wissen müssen*. Fischer 2013.

Joachim Marschall, *Gelegenheit macht Freunde*. In: *Die Zeit*, 04.09.2008 Nr. 37.

Daniel Miller, *Das wilde Netzwerk – Ein ethnologischer Blick auf Facebook*. Suhrkamp 2012.

Michel de Montaigne, *Von der Freundschaft*. dtv 2005.

Karin Mönkemeyer, Inge Nordhoff, *Ein platonisches Verhältnis. Freundschaften zwischen Männern und Frauen*. Rowohlt 1990.

Moritz Müller-Wirth, *Kumpel war ich nie*. In: *Die Zeit*, 11.03.2004.

Horst W. Opaschowski, *Wohlstand neu denken. Wie die nächste Generation leben wird*. Gütersloher Verlagshaus 2009.

Marla Paul, *The friendship crisis: finding, making and keeping friends when you're not a kid anymore*. Rodale 2004.

Horst Petri, *Der Wert der Freundschaft. Schutz, Freiheit und Verletzlichkeit einer Beziehung*. Stuttgart, Kreuz 2005.

Klaus Raab, *Wir sind online – wo seid ihr? Von wegen dummgesurft! Die unterschätzte Generation*. Blanvalet 2011.

Janice G. Raymond, *Frauenfreundschaft. Philosophie der Zuneigung*. München Frauenoffensive 1986.

Tobias Rüther, *Männerfreundschaft*. Rowohlt 2013.

Sasha Roseneil, *Neue Freundschaftspraktiken. Fürsorge und*

Sorge um sich im Zeitalter der Individualisierung. In: *Mittelweg 36*, 3/2008.
Antoine de Saint-Exupéry, *Le Petit Prince.* Éditions Gallimard 1987.
nadja-schlueter, *Es gibt keinen »Ottonormaldemonstranten«.* Auf: jetzt.de, 24.02.2013. http://jetzt.sueddeutsche.de/texte/anzeigen/566910
Wilhelm Schmid, *Dem Leben Sinn geben. Von der Lebenskunst im Umgang mit Anderen und der Welt.* Suhrkamp 2013.
Georg Simmel, *Soziologie der Freundschaft.* In: Klaus-Dieter Eichler (Hg.), *Philosophie der Freundschaft.* Reclam 1999.
Steve Stiehler, *Männerfreundschaften. Grundlagen und Dynamiken einer vernachlässigten Ressource.* Juventa Verlag 2009.
Friedrich H. Tenbruck, *Freundschaft. Ein Beitrag zu einer Soziologie der persönlichen Beziehungen.* In: *Die kulturellen Grundlagen der Gesellschaft: Der Fall der Moderne.* Opladen Westdt. Verlag 1989.
Sherry Turkle, *Verloren unter 100 Freunden: Wie wir in der digitalen Welt seelisch verkümmern.* Riemann Verlag 2012.
Moritz von Uslar, *Worüber Männer mit ihrem besten Freund reden.* In: Heike Bräutigam u. Claudia Senn (Hg.), *Ein Mann eine Frage: Endlich klare Antworten von Frank Goosen, Axel Hacke, Harald Martenstein, Martin Suter u. v. a.* Kunstmann Verlag 2008.
Abraham Voß (Hg.), *Briefe von Johann Heinrich Voß nebst erläuternden Beilagen.* Erster Band, Halberstadt 1829.

Alex Williams, *Friends Of a Certain Age. Why Is It Hard to Make Friends Over 30?* In: *New York Times*, 13.07.2012.
Meike Winnemuth, *Ziemlich beste Freundinnen?* In: *Süddeutsche Magazin* Nr. 10, 08.03.2013.
Katrin Wilkens, *Der Mythos Männerfreundschaft.* In: *Handelsblatt* vom 21.11.2004.
Sarah Zimmermann, *Die Gesetze der Freundschaft.* In: *Gehirn und Geist, Spektrum der Wissenschaft*, 5/2013.
901 Millionen Menschen gefällt das – Warum eigentlich? In: *Der Spiegel*, Heft Nr. 19 vom 07.05.2012.
www.starflash.de/artikel/justin-bieber-macht-mit-seinem-besten-freund-schluss-315709.html
Glück statt Karriere. Weniger Stress, mehr Freiheit: Warum wir jetzt selbst bestimmen wollen, wie wir arbeiten. In: Magazin *Neon*, Juni 2013.

Umfragen, Studien

Wenn alle meine Lieben da sind. In: *Chrismon*, Heft 06/2013.
Internetfreundschaft Allensbach 2010: http://de.statista.com/statistik/daten/studie/158072/umfrage/internetfreundschaften-tiefgehend-wie-persoenliche-freundschaften/
Anzahl enger Freunde, Infratest 2008: http://de.statista.com/statistik/daten/studie/179799/umfrage/anzahl-enger-freunde/
European Professional Online Networking von 2008: http://www.pressebox.de/pressemitteilung/linkedin-corporation/Vorsicht-vor-Frollegen-Mix-von-geschaeft

lichen-und-privaten-Kontakten-wirkt-sich-negativ-auf-professionelles-Online-Networking-aus/boxid/198854

Filme, Lyrics und sonstiges Material

Andreas Dresen, *Sommer vorm Balkon.* Warner Home Video 2006.

Markus Goller, *Friendship!* Sony Pictures Home Entertainment 2009.

Nicole Holofcener, *Friends with Money.* Sony Pictures Home Entertainment 2006.

Patrice Leconte, *Mein bester Freund.* Alive – Vertrieb und Marketing/DVD 2008.

Niki List, *Müllers Büro.* Studiocanal 1985.

Rob Reiner, *Harry und Sally.* MGM Home Entertainment 1998.

Ridley Scott, *Thelma & Louise.* MGM Home Entertainment 1991.

Titus Selge (u. a.), *Berlin, Berlin.* Staffel 4, Folge 2 *Echte Freunde.* Universum Film 2005.

Eric Toledano/Olivier Nakache, *Ziemlich beste Freunde.* Senator Home Entertainment 2012.

Rücktritt von Annette Schavan als Bundesbildungsministerin: www.youtube.com/watch?v=DlGUFRN4aPo

Polizeiruf 110 *Vor aller Augen*, 2013.

Ernie und Bert/Sesamstraße, Folge *Ernie testet, wie gern ihn Bert hat*:

www.youtube.com/watch?v=6LnbzkdLsIw

Freunde machen glücklich – zumindest jene 77 Prozent der Deutschen, die über einen festen Freundeskreis verfügen (im Durchschnitt bestehend aus 3,3 echten und 130 Facebook-Freunden). Doch längst haben wir unsere Freundschaften nach der Logik moderner Netzwerke strukturiert: Sie sind unverbindlich, nach Interessen sortiert, in ständiger Veränderung begriffen. Mit viel Glück halten sie nach einer Lebensphase eine zweite, ganz selten eine dritte oder vierte. Ist das ein Problem? Nein. Wir müssen uns lediglich von unseren verstaubten Vorstellungen über Freundschaft verabschieden.

In Form einer populären Kulturgeschichte spürt Susanne Lang den Mythen und Erzählungen nach, die im Kern unserer idealisierten Vorstellung von Freundschaft stecken, und dekonstruiert sie auf humorvolle, unterhaltsame und verblüffende Weise. Darüber hinaus veranschaulicht sie mit Beispielen aus ihrer eigenen Lebenswelt das moderne Sozialdrama, in dem sich jeder von uns tagtäglich wiederfindet – und zeigt, wie wir trotzdem glücklich sein können, selbst wenn der Begriff der »wahren« Freundschaft neu gedacht werden muss.